No speed, No career.
Essential Fifty-three PC work method.

年間240時間を生み出す

超速 PC仕事術

木部智之

東洋経済新報社

はじめに

☑ パソコンの時短テクニックに対する誤解

本書では、ビジネスパーソンのための、パソコン操作の時短テクニックをご紹介します。ショートカットキーの使い方など、みなさんも「そういうテクニックがある」ことは知っていると思います。そして、「知っていれば便利な豆知識」とか「パソコンに詳しい人が使うマニアックな技」くらいに思っている人も多いのではないでしょうか。ちょっと操作が速くなり、残業時間も少なくなり、定時で仕事が終わるかも。

そうした認識は、誤りです。なぜならパソコン操作の時短テクニックは、仕事で成果をあげるため、そして大きくキャリアアップを図るために絶対に必要なビジネススキルだからです。

☑ 年間240時間の無駄を削減

「ショートカットを覚えたくらいで、仕事で成果があがるとか、キャリアアップできるとか、大げさだ」と思われた方もいるでしょう。でも私は自分の経験からも、プロジェクト・マネージャーとして数多くのメンバーを見てきたことからも「大げさではない」と断言できます。

まずよくある誤解が「ショートカットを覚えても、数秒得するだけでしょ？」というもの。確かに本書でご紹介するテクニックの中には、数秒の差しかないテクニックも多く含まれています。でも数秒の差も、その操作を100回やれば数百秒の差となります。デスクワークをしている方なら、パソコンのキーボードを1日100回くらい、簡単に触るのではないでしょうか。

私が携わっているプロジェクトで、ある若手のチームがショートカットについて調査したことがあります。そのチームはExcelやPowerPointでいくつかの作業ステップを決めて、ショートカットを使う・使わないで時間を比較したのですが、平均して27%の削減効果が確認できました。もちろん厳密な調査結果とは言えませんが、控えめに20%と見積もっても、すごい削減効果です。1日5時間パソコンを使って仕事をしているとすると、その20%が削減されるのですから、毎日1時間の時短です。1カ月で20時間、12カ月（1年）で240時間の削減効果が期待できる試算です。

☑「作業時間」を「思考時間」に変える

　パソコン操作が速くなると、考える、つまり「思考」に多くの時間を使うことができます。そして言うまでもなく、ビジネスで成果・結果をどれだけ出せるか、あるいはどれだけキャリアを高められるのかは、どれだけ考えたかという「思考」の時間に比例します。決してどれだけパソコンの前に座ってキーボードを叩いていたかという「作業」の時間に比例するわけではありません。

　だから本書では、仕事で成果を出していくために欠かせない「思考」に費やす時間を増やすために、無駄が多いパソコンの操作時間を短縮するテクニックを紹介していきます。私が知っている仕事がデキる人、早くに出世した人たちのほとんどは、パソコンの操作が本当に速いです。

☑ 本書の特徴

　いわゆるパソコン書の「ショートカット集」と本書が違うのは、毎日のいろいろな仕事の中で多く使うソフトの、使用頻度の高いテクニックを中心に紹介していく点です。私自身、多くのプロジェクトを手がけ、多忙を極める中、少しでも仕事の効率を高めるために研究し、「これは身につけてよかった」「同僚や部下に教えて喜ばれた」実用的なテクニックだけを紹介するので、使用頻度の少ないショートカットやテクニックは扱いません。

また、基本的にはどこから読んでも大丈夫です。興味があるところから読んで「これは使えそうだな」というテクニックを使ってみて、自分のものにしてください。いくつか身につけるだけで、毎日数時間、あなたの時間は無駄な「パソコン操作」という作業から解放されます。その時間を、「思考」の時間や、あるいはプライベートな時間に使ってください。

本書が、みなさんのキャリアアップの一助となれば幸いです。

CONTENTS

PROLOGUE

パソコンの操作時間には 1円の価値もない

INTRODUCTION

私は、1日の仕事のほとんどの時間をパソコンの前で過ごしています。パソコンなしでは仕事は成り立ちません。ですが、そのような環境で仕事をしている私自身が、パソコンを触っている時間は不毛で何も生み出さない時間であると思っています。

同僚がパソコンの前で一生懸命に仕事をしているのを見て「あいつ頑張ってるな、俺も頑張らないと！」と思いませんか。逆に、パソコンを使わずにぼーっとしているような様子を見ると、「こっちは忙しいのに、あいつは何を暇そうにしているんだ！」と、思うことはないでしょうか。これらの評価は正しいでしょうか？

メールを読んだり、書いたり、報告資料やプレゼン資料を作ったり、データ分析をしたり、業務記録を書いたり、インターネットを使った調べ物をしたり、1日の仕事でパソコンを操作する機会はたくさん生じます。そのせいか、パソコンを触っている行為を「仕事をしている」と勘違いしてしまうこともあります。

例えば、1日に300通のメールをさばいて「1日がメール処理で終わってしまった」とか、きれいなPowerPointの提案資料を作るのに徹夜をして、「ハードな仕事だった」と、ちょっと自慢げに話す人をたまに見かけます。「たくさん仕事をした」と本人は思っているのです。

本当にそうでしょうか。実はパソコンの前で座っていた時間のほとんどを、「仕事」というより「作業」に費やしていた可能性はないでしょうか。

POINT.1

パソコン仕事は「作業」と「思考」に分けて考える

ここでまず「仕事」というものを定義しておきます。私は、仕事は次の2つに分解して捉えることができると思っています。

・「手を動かさなければいけない」作業
・「頭を使わなければいけない」思考

仕事でパソコンを使う場面を想定して、この2つについて考えてみましょう。例えばPowerPointで提案資料を作るとき、まず最初に「何を書こうか」「どう描こうか」と考えるでしょう。これが「思考」です。そしてある程度の「思考」を経て、考えがまとまったら、それをアウトプットする「作業」に入ります。つまり、ソフトウェアを立ち上げ、キーボードとマウスを操作し、成果物の形にしていくのです。

メールの送信も同じです。何をどう伝えるのか、文面を考えるのは「思考」です。そして考えた文面をキーボードで入力する行為が「作業」です。

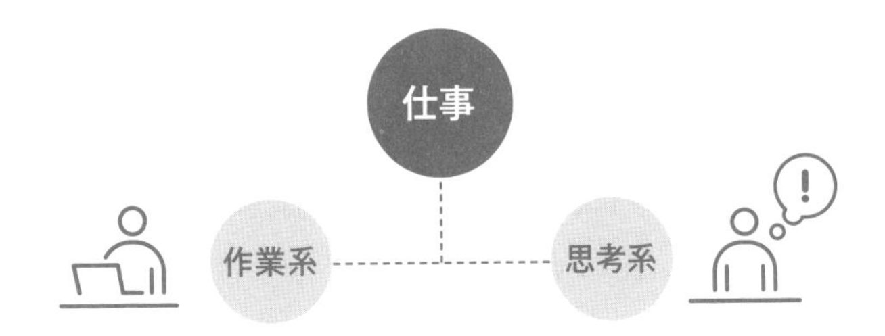

ちなみに本書もWordで執筆したのですが、まず何を書くのか頭の中で整理し（思考）、考えたことを、キーボードを使って目に見える形にアウトプット（作業）しているわけです。

この「思考」と「作業」は、「思考」→「作業」という流れのワンセットで行われたり、「思考」→「作業」→「思考」→「作業」と交互に繰り返したりします。そのため普段は分けて考えることが少ないのですが、パソコンを使う仕事はすべて、この2つに分解することができます。

☑ 仕事だと思っていたことの7割は「作業」？

メールの処理を例に、仕事の手順を分解してみましょう。通常は次のようなことを行うでしょう。

・受信したメールを開く
・メールを読んで理解する
・その内容に対する返信を考える
・そして返信メールを書く
・メールを送信する
・対応が終わったメールは、別のメールフォルダに移動する

これを図にすると次のようになります。

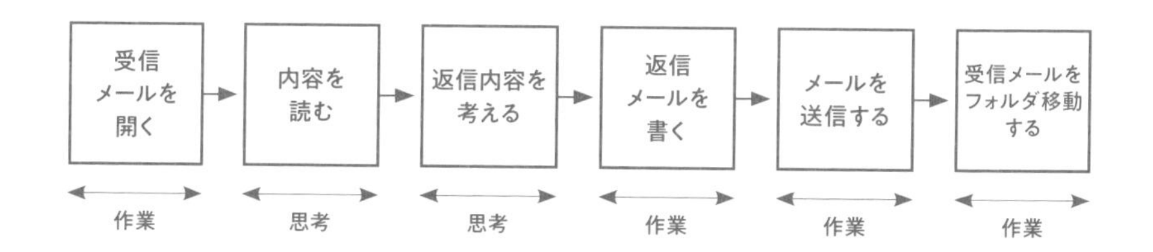

見ておわかりのように、作業のプロセスの数の方が多いですね。これがパソコンを触っているときの仕事の実情です。これを1日100通のメールに対して処理をすると次の図のようになり、仕事と思っている行

為の中の「作業」の割合が、どれだけ大きいかがわかると思います。

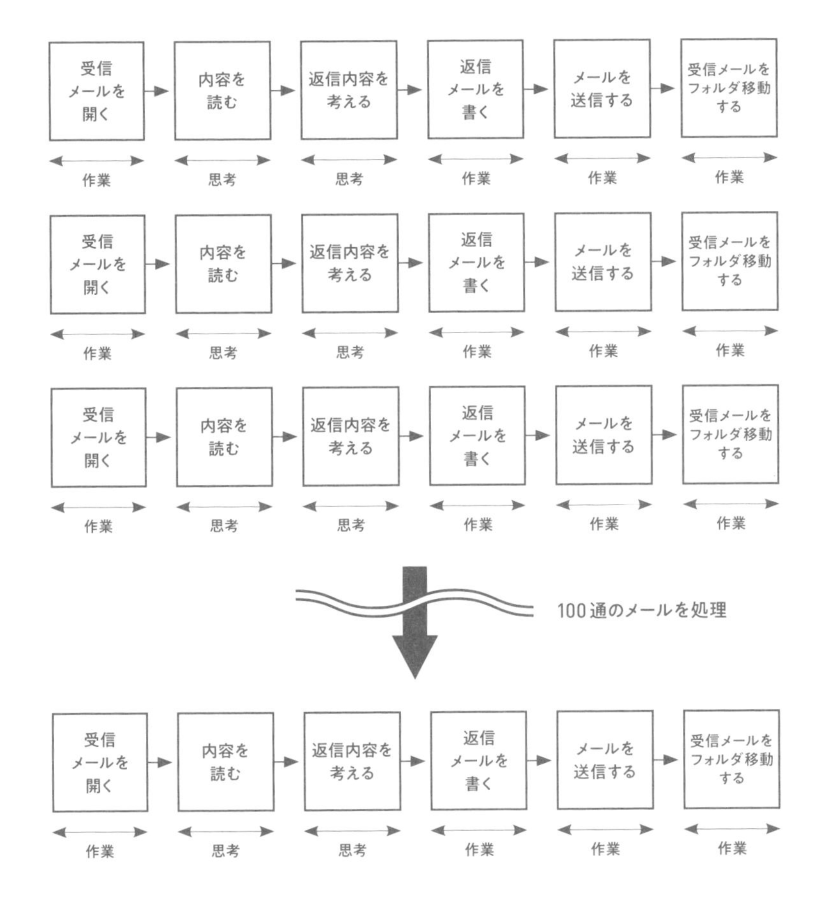

POINT.2

仕事の成果は「思考」で決まる

仕事を「思考」と「作業」に分けて考えたとき、どちらがより付加価値の高い営みでしょうか。どちらがよりその人の仕事やキャリアに直結するでしょうか。それはもちろん「思考」です。

たとえば私は自分の席で、パソコンの画面を見ずに窓の外を見ながらぼーっとしていることがあります。ぼーっとしているというのは、傍から見るとそう見えるだけで、実はその間ずっと考えごと(思考)をしています。みなさんもそのようなことがあると思いますが、それを見て「あいつ暇そうにしているなぁ」と言われると心外ですよね。

一方で、パソコンの前で長時間忙しそうに仕事をしていたとしても、単にキーボードで入力するのに時間がかかっていたり、Excelの操作に苦労していたり、つまり「作業」に追われているのであれば、それらの時間は、付加価値を生み出すものではありません。むしろ「思考」に時間を割り当てるために、1秒でも短縮すべき不毛な時間です。

付加価値を生み出さない「作業」の時間を限りなく少なく、気持ち的にはゼロに近づけて、「思考」の時間をその分増やすことが、仕事で成果を上げることにつながるのです。

☑ パソコン作業をゼロにしようと思った理由

私はシステム開発の世界で仕事をしてきました。3年目にプロジェクト・マネージャーとなり、それ以降プロジェクト・マネージャーが私の専門職となり、キャリアの多くの年数をトラブルプロジェクトの火消し役として過ごしてきました。

その中でも1番のトラブルプロジェクトは、炎上どころか大爆発をしているものでした。それはクレジットカード業界の基幹システム構築のプロジェクトで、システム開発のトラブルプロジェクトとしては世界最大規模でした。私はそのプロジェクトの中で、ピーク時に600名、30チームほどの体制をリードしてきました。

抱えるチームが大きくなればなるほど、それに応じて仕事量は多くなります。このプロジェクトは超一級品のトラブルプロジェクトだったので、すさまじい仕事量になっていました。

当時の手帳を見返すと、毎日、午前は8時30分から11時まで私が率いているグループ、チームの朝会が30分刻みで入っていて、それが終わっても夕方遅く、18時から19時まではびっちりといろいろな会議が入っていました。トラブルで課題が山積であったので、とにかく解決するための会議や、状況確認の会議など、ムダな会議は限りなく排除しながらも本当に多くの会議やディスカッションがありました。

夕方までの立て続けの会議が終わると、今度は自席に戻ってきた私を見つけたチームリーダーやメンバー達が個別の相談や報告にひっきりなしに来ました。もちろん、「自分の仕事があるから」と拒みはしません。メールも1日500通以上来ていました。

私の仕事は、大炎上トラブルを鎮火し、システムをサービスインさせることでした。そのために山積する課題を解消し、未来の起こりうるリスクに予め対処し、チームのパフォーマンスを最大化することでした。それを成し遂げることが、私の仕事の成果でした。

その成果に到達するためには、1日24時間という限られた自分の時間をできるだけ「思考」に投入しなければなりません。とすると自然に、付加価値の低い「作業」の時間をゼロに近づける必要に迫られたのです。

仕事でパソコンを使わないわけにはいきませんが、パソコンを使った「作業」に時間を取られれば取られるほど、課題解決のために考える「思考」の時間が削られていきます。

パソコンの「作業」時間をゼロにすることはできません。でも、できることならゼロにしたい、という気持ちでした。キーボードを叩くこともマウスを動かすことも、その時間は、プロジェクトの前進に大して貢献しないからです。仕事を進め、価値あるものにするのは「思考」なのです。

POINT.3

たかが3秒されど3秒、突き詰めるほど仕事が速くなる

「ファイルを[Ctrl]+[S]のショートカットキーで保存する」というテクニックがあります。このテクニックを使って保存すること自体は、マウスを使って同じことをするのと比べて、せいぜい3秒程度しか速くなりません。だから「ショートカットキーを使ってパソコンの操作を速くしたところで、たかだか数秒でしょ。意味あるの?」と言う人がいます。確かに、そのひとつひとつだけを切り取ってしまえば、たかだか数秒です。

☑ ちりも積もれば大きな差となる

ですが、仕事が速い人はそのような数秒のテクニックを徹底的に使いこなしています。なぜなら、3秒の短縮を20回すれば60秒、すなわち1分になるからです。そして、秒単位でなく分単位で速くなるテクニックもあります。これらの少しずつのテクニックの積み重ねが大きな差となっていくのです。

例えば、私がExcelでのデータ分析作業をメンバーにお願いしたときに、「自分でやれば10分くらいかな」と思うような作業に60分もかかっていたケースもありました。PowerPointの資料作成では、速い人と遅い人では本当に数時間の差が出てしまいます。テクニックを知らずに1ページの作成に10分かかる人と、5分で終わらせる人とでは、20ページもあれば100分つまり1時間40分の差になるのです。

ひとつひとつの小さなテクニックだけを見て、「なんだそれくらいか」

と思ってはいけません。それこそ本当に積み重ねなのです。いわゆる「チリツモ」です。

多くのテクニックを多くの場面で使えるようになればなるほど、どんどん仕事が速くなります。ただ、多くのテクニックとは言いましたが、マニアのように超レアテクニックまでを覚えて使う必要はありません。自分の仕事に合った代表的なテクニックを使いこなせるようになるだけで十分な成果につながります。

☑ カラーバス効果を発動させる

また、パソコンテクニックを身につけていくと、どんどんパソコン作業効率が高くなっていきますが、その成長は直線的ではなく、指数関数のような曲線を描きます。なぜなら、カラーバス効果が発動するからです。

カラーバス効果とは、「人は自分が見たいものに意識を向けている」というものです。「今日は赤を意識しよう」と言われたら、視界にあるものの中から赤色のものが自然に目に飛び込んで来ます。逆に「白いものは無視してください」と言われても白いものが気になってしまう。そんな心理状況がカラーバス効果です。

みなさんにも、思い当たることはあるでしょう。例えば書店や図書館で本を探すときなどです。自分が探している本のタイトルの一部のキーワードを頭に入れて、そのキーワードで膨大な数の本から自分が欲しい本を探し回ります。そのとき、自分が探しているキーワードに合致しないタイトルは、視野には入ってきても脳は全く認知しないのです。

つまり、パソコンの時短テクニックを習得し始めると、カラーバス効果が働き、面倒くさくて時間のかかるようなパソコン作業があると、「何か速くできるテクニックはないか」と自分から探すようになり、また、周りの人が何かテクニックを使っているとそれに敏感に気づくようになるのです。

　このカラーバス効果が発動されると、様々なテクニックを、どんどんと吸収できるようになります。

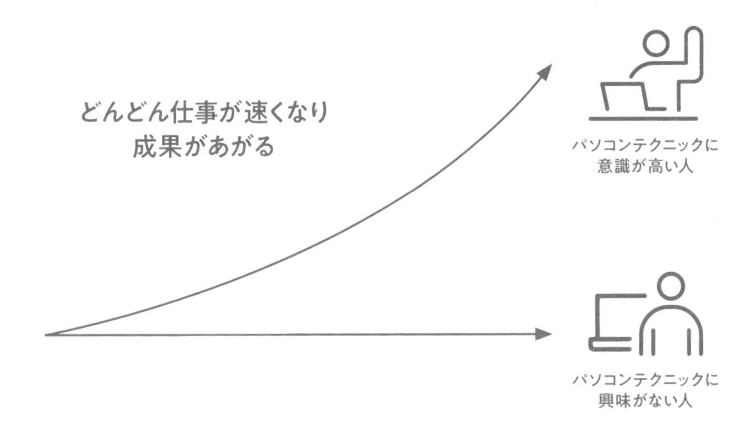

POINT.4

「5分の思考」と「5分の作業」の価値は違う

ビジネスパーソンがより大きな成果を上げるためには「思考」の時間を増やさなければなりません。頭を使って考えに考え、考え抜く、ということにより多くの時間を費やせるかどうかが成果を左右します。その「思考」の時間を捻出するために「作業」のスピードをアップする必要があるのです。そして、1日の多くの時間を費やす「パソコン仕事」に、その改善余地がたくさんあるのです。

☑「思考」は短時間でも価値が高い

「思考」の時間は5分でも10分でも増えると、大きな恩恵を生みます。「たかだか5分、10分」と思うかもしれませんが、「思考」時間の5分、10分というのはかなり大きなものです。

試しに、いまから5分、何か1つの自分の仕事の課題についてテーマを決めて、それについて考え続けてみてください。

まず、1分もするとある程度のことは考えられたのではないでしょうか。さらにそれを5分も続けていると、結構いろいろなことを考えられると思います。ですが、実際には5分も同じテーマについて考え続けられた人はいないのではないでしょうか。気づくと他のことを考えたりしていたと思います。

そうなのです。思考の時間というのは連続で長い時間が必要というわけではありません。ちょっとした時間でも捻出できると、思考の時間としては十分な時間となるのです。実は、思考のスピードというのはとてつもなく速いのです。一方で、持続力はあまりありません。

ということは、パソコンの作業時間を少しでも考える時間に変換することができたなら、より価値の高い思考の時間に変えることができた、ということになるのです。

☑ 「思考」の時間を増やせば「思考」力も伸びる

ですので、1日の多くの時間をパソコン作業に費やしているのは不毛なのです。5分でも10分でも思考の時間に変換することができれば、それはより価値の高い時間になるのです。

そして、毎日の仕事の中で思考の時間が増えれば増えるほど、付加価値の高い仕事の量が増えることになります。そして、それと同時に仕事の質も上がっていきます。これは、思考の実践トレーニングの積み重ねる量がどんどん増えるからです。頭の中でいろいろなケースを考えたり、仮説・検証をしたりしていると、思考スピードもどんどん速くなります。仕事がデキる人、すごい人達を見ていて、あの人達は頭の回転が速い、と思うことがあると思いますが、それは普段からの思考の鍛錬の賜物なのです。

これこそが、1日のほとんどの時間をパソコンの前で仕事をしている私が、パソコンの作業時間が不毛であると思い、パソコン作業をゼロにしたいと思っている理由です。

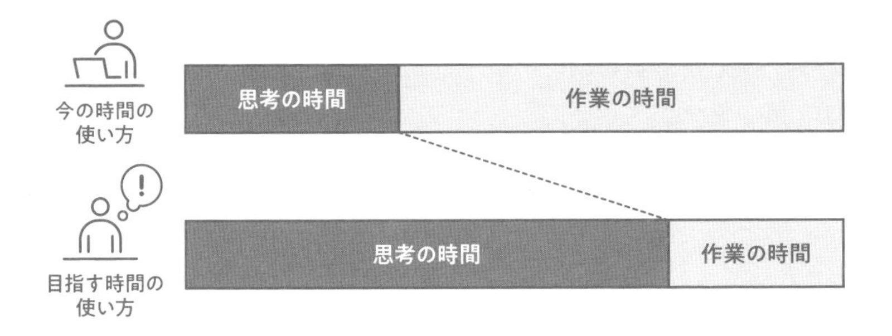

POINT.5

本書で前提とするパソコン環境

本書で紹介するテクニックは、以下のバージョンで実行可能なものです。

・Windows 10
・Word 2016
・Excel 2016
・PowerPoint 2016
・Outlook 2016
・Gmail は 2021 年時点で Google Chrome で使える機能

上記のバージョンで機能することを確認していますが、本書で紹介するテクニックのほとんどは私が昔から実践してきているものばかりです。ですので、ちょっとメニューの表示のされ方が違うとか、アイコンの位置が違うとか、動きが違うとかはバージョンによってはあるかもしれませんが、この先も含めてあまりバージョンに依存せずに使い続けていけるテクニックです。

ぜひ本書で紹介するテクニックをまずは試していただき、みなさんの仕事の中で効果があるものについては、体が覚えるまで習得していただければと思います。

COLUMN

仕事が速くなると出世も早くなる

3時間かけている資料作成が、テクニックを知って身につけることで半分の時間でできるようになる。メール処理時間も半分になる。どうでしょう？　ちょっとイメージしただけでも今の仕事がどんどん速くなる姿が目に浮かんでくると思います。

「でも、そうして仕事がどんどん速くなれば、どんどん仕事が振られてしまうのでは？」と思うかもしれません。はい、そうなると思います。それは間違いありません。仕事が速い人にはより多くの仕事が振られるようになります。

昔の話ですが、私のチームに仕事がとても速い3年目のメンバーがいました。その彼と個人面談をしたときに、こう相談されたのです。

「仕事をどんどん片付けると、他の人が溜めている仕事が私に振られてきます。その仕事の元の持ち主たちはのんびり仕事をしています。私がその人たちの2倍、3倍の仕事をしているのは納得がいきません」

私の返答は「そりゃ、そうだよね」でした。そして、こう付け加えました。

「でも、それは数年後には成果としてちゃんとついてくるから、今はストレスに感じるだろうけど頑張っていこうよ」

実際その彼は、その後あっという間にキャリアのステップアップを果たしていきました。

パソコン操作の時短テクニックを身につけ、仕事が速くなればなるほど、今まで以上に多くの仕事をこなすことができます。それはもちろん成長にもつながりますし、成果となって自分自身に返ってきます。

パソコン操作が遅くて損をすることはたくさんありますが、パソコン操作が速くて損をすることは全くありません。

CHAPTER

01

触る回数を9割減らす

「脱マウス」の基本テクニック

INTRODUCTION

マウスを使うと誰でも直感的に操作ができるので、パソコンで仕事をする際には大変重宝されます。外出中でノートパソコンを使うときなどを除き、仕事中はマウスがないと困る人は多いと思います。私もその一人です。

でも、パソコン操作は基本的に、マウスがなくてもすべてキーボードで実行することができます。しかも、ほとんどの操作において、マウスよりもキーボードで操作をした方が速いのです。マウスの方が速いケースは全体の1割程度でしょう。

ということは、できるだけマウスを使わず、キーボードでパソコンを操作するテクニックを身につけると、9割のパソコン作業が速くなることになります。

パソコン作業を速くする基本動作として、まずはキーボードでのショートカット機能を覚えて使いこなすところから始めましょう。

これは、いわば基本です。スポーツでも基本が大事です。トップアスリートになるにも基本ができていなければ絶対にトップには辿り着けません。パソコンテクニックも同じです。難しいテクニックを覚える前に、まずは基本となるショートカットテクニックから身につけていきましょう。

CHAPTER 01では、使用頻度が高くてスピードアップの効果が高い基礎テクニックを紹介します。ExcelやPowerPointといったソフトにかかわらず使える汎用的なテクニックが中心です。1度身につくとパソコン作業の多くのシーンで活躍するテクニックばかりです。自然に体が反応するまで身につけましょう。

POINT.1

使用頻度No.1のショートカット「Ctrl系」を身につける

ショートカットには、いくつかのパターンがあります。[Shift] キー、[Alt] キー、[Tab] キーや [Fn] キーを使うようなパターンです。その中でも、基本中の基本が [Ctrl] キーを使ったショートカットです。まずはこれを身につけていきましょう。

[Ctrl] 系のショートカットテクニックは、サッカーでいうとインサイドキック、つまりボールを蹴るテクニックの中で最も大切な基本です。曲がるフリーキックだけをどれだけ極めても、それを披露する機会はそれほど訪れません。しかし、インサイドキックを徹底的にトレーニングすれば、試合の多くの場面で活かすことができます。

パソコン操作の時短の手始めに、日々の仕事で頻繁に使う、この[Ctrl]系ショートカットを体に染み込ませましょう。

[Ctrl] キーはControlの略でコントロールキーと呼び、ほとんどのキーボードの左下に配置されています。十字キーの左横あたりにも配置されているキーボードも多いです。左手の小指で [Ctrl] キーを押しながらショートカットキーを使うケースが多いので、左手小指が自然と動くようになるまで練習しましょう。

☑ コピペは絶対にマウスでするな

文字をコピーして貼り付ける、というコピペ作業は、毎日の仕事でもかなり頻繁に発生します。文字を選択して、右クリックを押してコピー、そして、貼り付けたいところにマウスを移動して右クリックを押して貼り付け。マウスを使うとコピーと貼り付けのメニューを選ぶだけでそれぞれ3秒かかってしまいます。これをキーボードでは [Ctrl] + [C]（コピー）と[Ctrl]＋[V]（ペースト）で操作すれば一瞬なので、3秒＋3秒＝6秒も速くなります。これを何回も何回もマウスで行うと、その回数分積み重なっていきます。10回もコピペをすれば1分の差になります。

もう1つ、コピーではなくて文字を切り取って貼り付けをしたいときもあります。そのときは[Ctrl]＋[X]で切り取りができます。

また、コピーや切り取りの範囲を選択するときに、すべての範囲を選択することがあります。そのときはマウスですべての範囲を選択すると時間がかかるので、[Ctrl]＋[A]ですべての範囲選択が一瞬でできます。

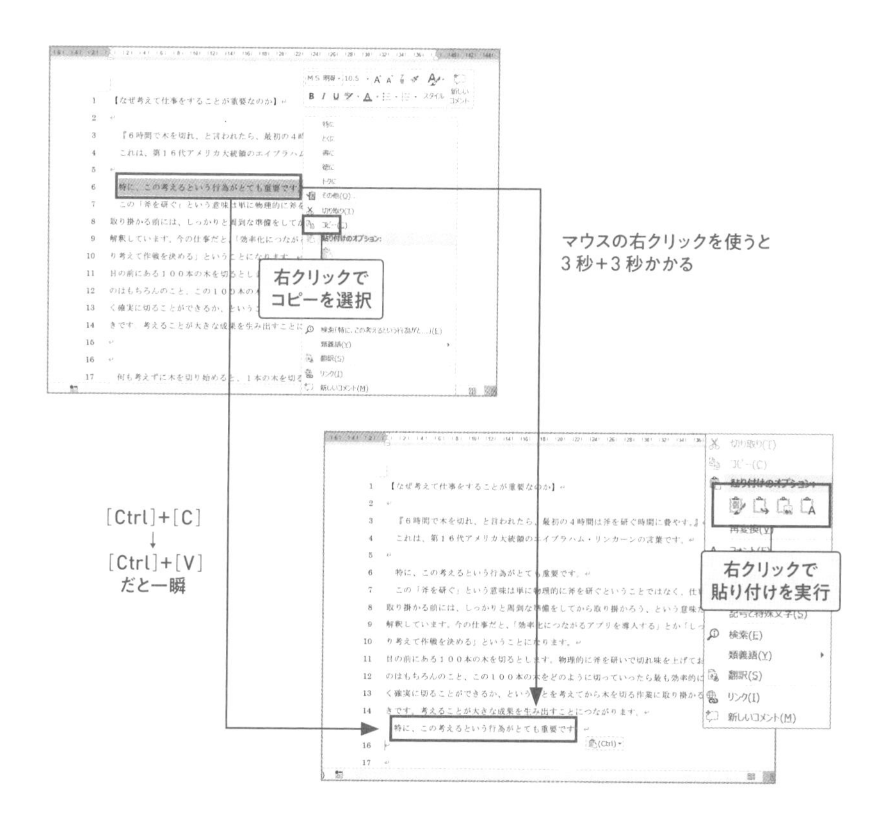

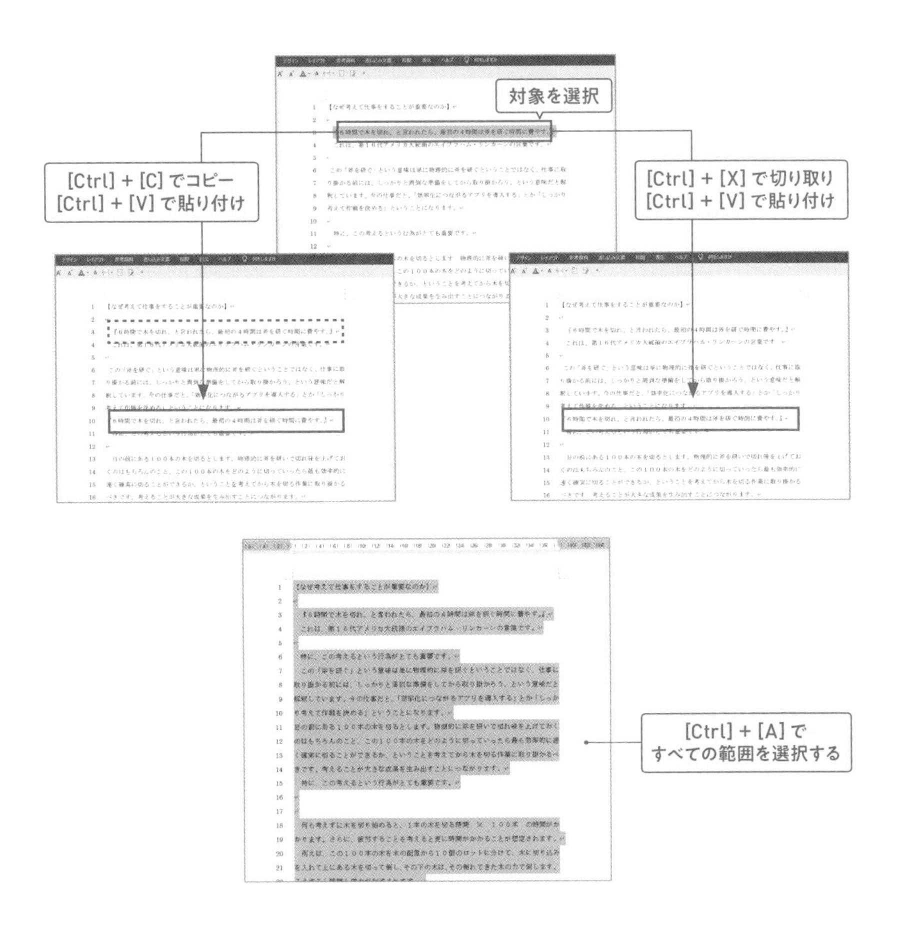

☑ 時間を浪費する事故を防止する［Ctrl］+［S］

Word や PowerPoint などで作業をしているときに、あまりにも集中しすぎて途中で保存をしないままで、ソフトが固まって落ちてしまったり、パソコンがフリーズしてしまったりして、数時間の作業が消え去った経験はないでしょうか。私は何度もあります。

そのような残念な事故をなくすために、[Ctrl] + [S] を体に染み込ませておきましょう。ファイルを保存/上書き保存するショートカットキーです。

2時間も3時間もかけて作った資料が一瞬でなくなってしまう。もう1度作るのも大変ですし、何よりもメンタルへのダメージが大きいです。一気にやる気を失ってしまいます。夜、そろそろ帰ろうか、と思っているときのこの事故はもうなんとも言えません。

私はそのような失敗を何度もしてきているので、今はしょっちゅう[Ctrl] + [S] を押して上書き保存をしています。もうこれは頭で考えてではなくて、左手が定期的に勝手に動いている状態です。

☑ 作業のやり直し & 修正も一瞬でできる

資料作成をしているときなど、一度作業をしたものを元に戻すことがあります。そのときは [Ctrl] + [Z] で直前の作業をなかったことにして戻すことができます。そして、[Ctrl] + [Y] はその逆の操作ができます。この2つのショートカットを使うと、過去の作業を行ったり来たりすることができます。

PowerPointのツールバーで図のようなアイコンがありますが、これを実行するショートカットです。PowerPoint を例に取りましたが、Word、Excel など多くのソフトで使える機能です。

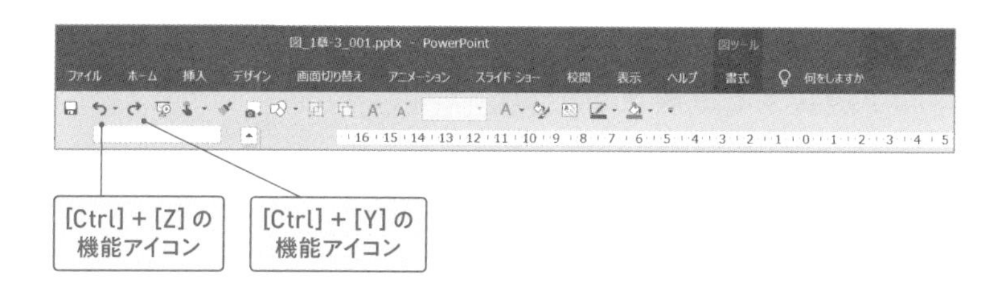

すでに実行した作業を行ったり来たりするイメージを簡単な例で説明します。数字を1、2、3、～9と順番にタイピングします。この作業を[Ctrl]＋[Z]で取り消したり、[Ctrl]＋[Y]で戻したりすることができます。このときの動きを図に示しました。この機能は時間移動の機能と捉えるとわかりやすくなります。[Ctrl]＋[Z]は過去に遡り、[Ctrl]＋[Y]は過去から現在に向かいます。

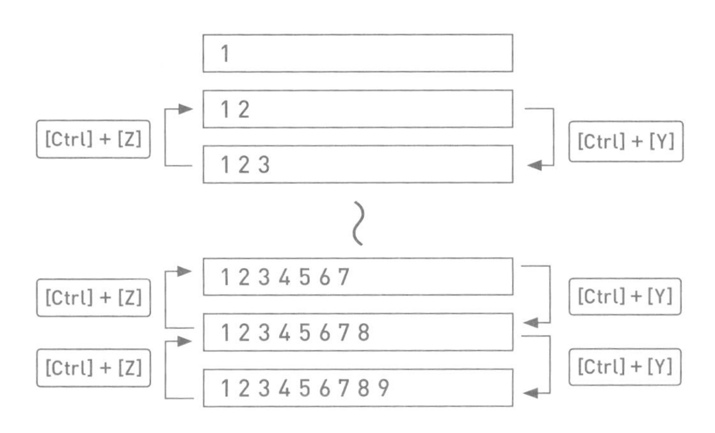

文章を書いているときに1度書いたけど、それを戻したり、PowerPointでオブジェクトを移動させてみたけど、やはり元の方がよくそれを戻したり、とさまざまなシーンで活躍するショートカットです。必ずやり直しは発生するのでこのテクニックを使うと作業効率がかなり上がります。

なお、本書で対象としているOfficeのバージョンでは100回分の動作が保存されていますので、遡り足りないということはないでしょう。

☑ [Ctrl] を使ってフォントを1秒で変える

資料作成をしていると、文字を入力したあとに、強調したい箇所などのフォントを変更することがあります。そのときに右クリックを押してフォント変更のメニューを出してクリックしますが、ショートカットキーだけで一瞬で変更できるフォントがあります。代表的なフォント変更なので、これをショートカットで実行できるようになると大きな作業時間の削減になります。

[Ctrl] + [B]：太字にする（Bold）
[Ctrl] + [I]：斜体（イタリック）にする（Italic）
[Ctrl] + [U]：下線を引く（Underline）

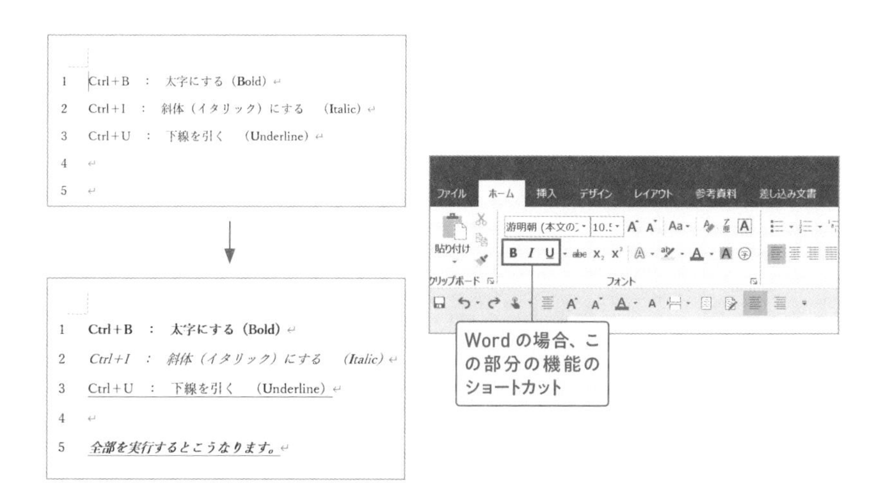

☑ まだある [Ctrl] を使った時短ショートカット

ファイルを新規に作成するときは、[Ctrl] + [N] で実行しましょう。

NはNewと覚えておきます。ファイルだけでなく、メールの新規作成など多くのソフトでも[Ctrl]＋[N]が使えます。

そして、資料ができたら印刷です。それもショートカットを使って一瞬で印刷モードを立ち上げられます。[Ctrl]＋[P]です。PrintのPです。マウスを使って印刷するよりも格段に速いです。

他にもありますが、まずはここで紹介した[Ctrl]系ショートカットを使いこなせるようにしてください。それだけでも、あなたがパソコンの前に座らなければならない時間は毎日格段に短くなると思います。

SHORT CUT MEMO

コピー（Copy）	[Ctrl]＋[C]
ペースト	[Ctrl]＋[V]
切り取り	[Ctrl]＋[X]
すべての範囲選択（All）	[Ctrl]＋[A]
ファイルを保存／上書き保存（Save）	[Ctrl]＋[S]
直前に戻る	[Ctrl]＋[Z]
やり直す	[Ctrl]＋[Y]
太字にする（Bold）	[Ctrl]＋[B]
斜体（イタリック）にする（Italic）	[Ctrl]＋[I]
下線を引く（Underline）	[Ctrl]＋[U]
新規作成（New）	[Ctrl]＋[N]
印刷（Print）	[Ctrl]＋[P]

POINT.2

知らなくてもショートカットが使える「神ボタン」[Alt]

ここまでは[Ctrl]キーを使ったショートカットを紹介しました。機能としてはベーシックなものばかりで仕事の中で使う頻度の多いものばかりなので、すぐに使えるようになると思います。

ですが、知らないショートカットは知らないので使うことはできません。ショートカットテクニックは本当にたくさんあって、いつ使うのだろうというマニアックなものもあり、それら全部を覚えることはできませんし、覚える必要もありません。

そこで大活躍するのが[Alt]キーです。[Alt]キーを使えば、ショートカットを知らない機能についてもキーボードだけで操作をすることができる「神ボタン」です。AltはAlternate（代替の、代わりの）という単語の略でオルトキーと呼びます。

☑ [Alt]キーの使い方

例えば、Excelでフィルター機能を何度も使うとします。ですが、フィルター機能のショートカットを知りません。そのようなときに[Alt]キーを押してみます。

まずは、Excel上で[Alt]キーを押してみましょう。すると、図のようにExcelのメニューの下に数字とアルファベットが出てきます。

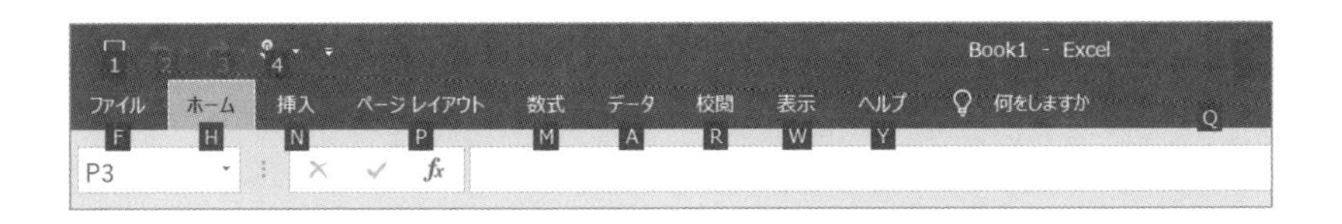

この表示された数字やアルファベットをキーボードで押すと、そのメニューが実行されます。データの下にAと表示されているので、ここで[A]を押すと次の図のようなデータメニューのリボンが出てきます。そして表示されたサブメニューにまたアルファベットが振られています。ここのフィルターのアイコンの下にTが表示されているので、[T]を押すとフィルター機能が実行されます。

つまり、[Alt]→[A]→[T]と連続でキーボードを押すことでフィルター機能を使うことができます。

☑ 困ったらとりあえず[Alt]キー

では、このフィルター機能にショートカットはないのかというと、割り当てられています。フィルター機能のショートカットは[Shift]＋[Ctrl]＋[L]です。私の場合、仕事でフィルター機能を使うことはそれほど頻繁にはないので、ショートカットを覚えてはいません。というか、ほとんど使わないので覚えられません。ですが、時々、短時間のうちに集中的に何度も使うようなことがあります。そのときは、この[Alt]キーを使ったテクニックでフィルターをかけています。

[Alt]キーテクニックが役立つシーンは、普段はあまり使わない機能でショートカットも知らないけど、とあるときに、集中して繰り返し同じ機能を使うときです。そのときは、[Alt]キーを押してキー割り当てを確認し、あとはそのキー割り当てをキーボードで操作していきます。

このテクニックはすべてのソフトで使えるとは限らないのですが、非常に多くのソフトで使うことができます。ですので、困ったらひとまず[Alt]キーを押してみるといいでしょう。

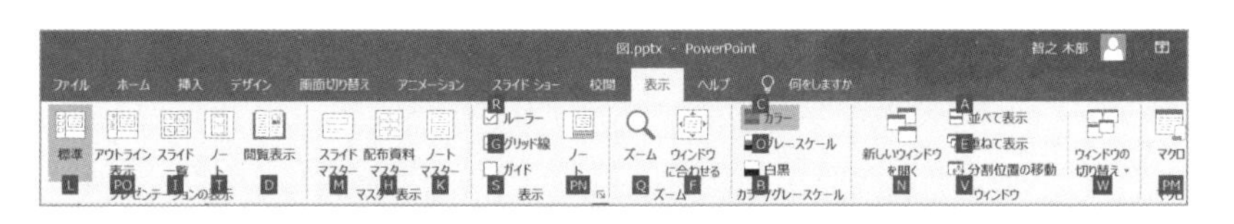

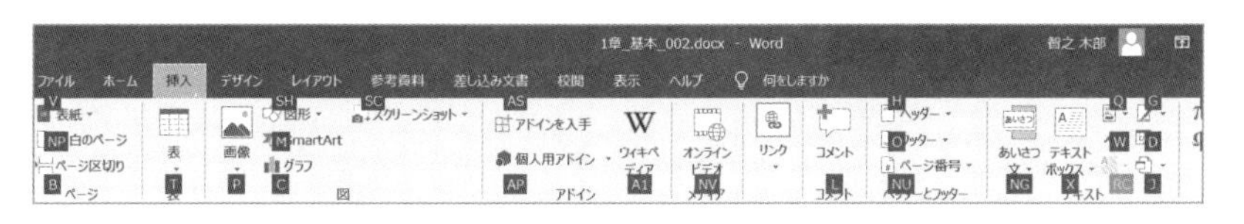

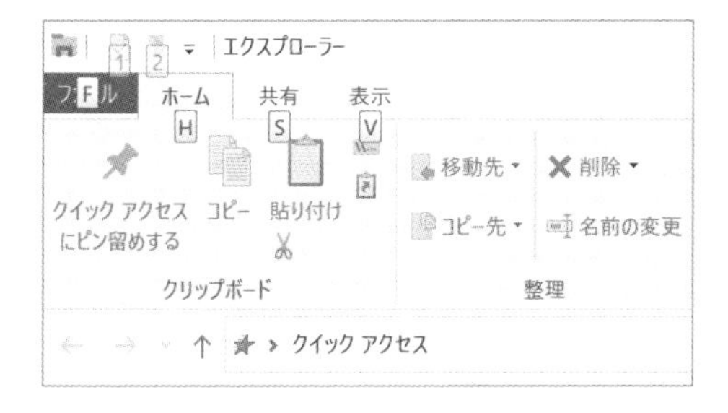

SHORT CUT MEMO

キー割り当てを確認　[Alt]

POINT.3

ブラウザ上を高速移動＆高速展開する［Tab］キー

キーボードの左端に［Tab］と書かれたキーがあります。使わない人にしてみると地味な存在のヤツなのですが、この［Tab］を使うようになると、脱マウスがより一段と進み、パソコン作業スピードがより一層速くなります。

☑ ソフトの切り替えは１秒ですませる

仕事でメールソフトを使ったり、WordやExcel、PowerPointを使ったりします。そして、資料を作っているときにブラウザで調べ物をしたりもします。気づいたらたくさんのソフトを起動させていることでしょう。これらのソフトの切り替えをするときに、パソコンの画面の下のアイコンをマウスでクリックしていると面倒でスピードが遅くなります。

画面下のアイコンをクリックしての切り替えは遅い

そんなときに［Alt］＋［Tab］を使えば、ソフトの切り替えは一瞬です。［Alt］＋［Tab］を押せば次の図のような画面となり、［Alt］＋［Tab］を押すたびにどんどん右のソフトにフォーカスがシフトしていきます。そして、使いたいソフトまで移動してキーボードを離せばそのソフトが使えるようになります。

このとき［Shift］キーを追加して、［Alt］＋［Shift］＋［Tab］を押せば先ほどと逆方向に動いていきます。［Alt］＋［Tab］で使おうとしているソフトを通り過ぎてしまったときなどに使います。

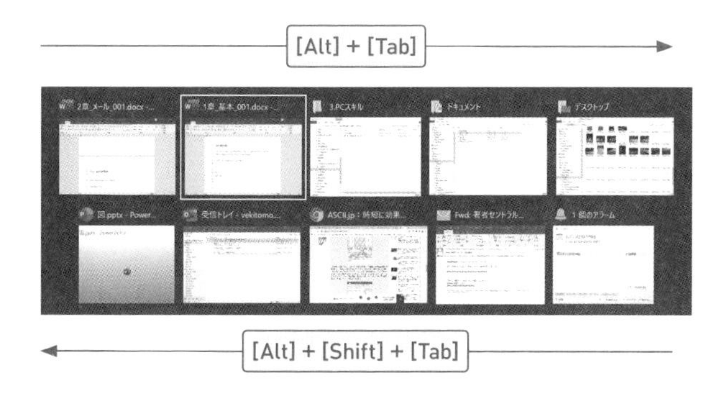

☑ カーソル移動も一瞬

[Tab]はカーソルの移動でも大活躍します。

例えば、図のようなポップアップが出てきたときに、保存するか保存しないか、キャンセルか、とマウスを使ってクリックすることが多いです。そこで、[Tab]を使うと図のようにフォーカスされるボタンが移動します。保存しないときは、[Tab]を押して[Enter]を押せばマウスを使わずに「保存しない」を実行できます。また、[Shift]＋[Tab]を使えば[Tab]の移動方向の逆に移動します。[Tab]を押しすぎたときとか、逆方向に移動した方が早いときに使います。

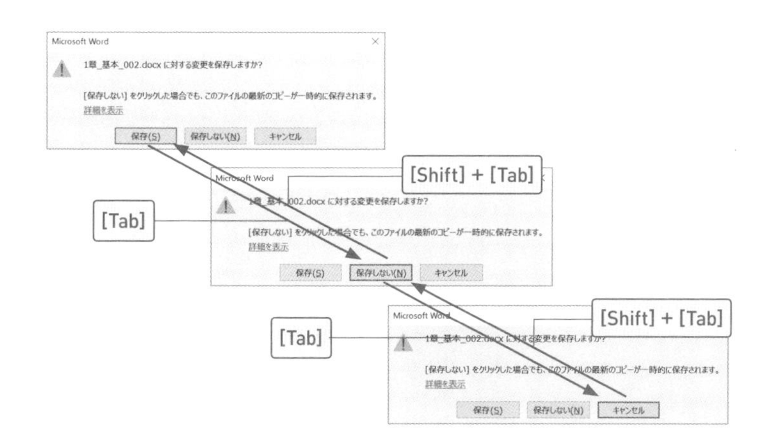

なお、このボタンにアルファベットが表示されていますが、この表示されているキーを押してもそれが実行されます。[S]を押せば「保存」で、[N]を押すと「保存しない」、が実行されます。

また、Webで購入手続きをするときや会員登録するときなど、住所や名前など多くの入力ボックスが画面表示されていて、入力ボックスごとにマウスで選択することがあります。そのようなとき、例えば、下の図のようなブラウザの入力画面で[Tab]を押してみてください。そうすると矢印のように上の入力ボックスから順番にカーソルやアクティブになるところが移動していきます。入力ボックスだけでなく、ログインボタンや新規会員登録ボタンへも[Tab]で移動できます。

会員登録画面など、氏名、住所など入力項目が多いときに入力ボックスをいちいちマウスで移動するのではなく、[Tab]で移動すると格段に速くなります。アンケートなどのWeb画面で多くの回答項目があるときにも活躍します。

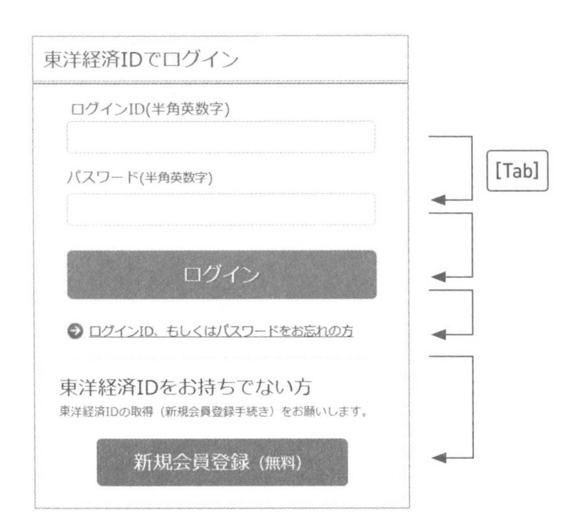

☑ 逆方向に動かしたいときは［Shift］キー

［Tab］テクニックのほとんどの機能では、［Shift］キーを追加することで元の動きの反対方向に動きます。［Tab］だけだと基本的には、左から右方向、上から下方向に動くので、その反対に移動したいときは［Shift］キーを追加で押してみてください。

慣れるまでは頭の中で考えながらキーボードを押さないといけませんが、試しに何回か押しているうちにすぐに慣れるようになってきます。ぜひ試してみてください。

☑ ブラウザのタブも一瞬で切り替える

ブラウザも仕事でよく使うソフトです。調べ物をするときにちょっとググって、そして調べているうちにいろいろなリンクをクリックして、クリックしているうちにいつの間にかネットサーフィンの時間になっていたりします。

さて、そのようにブラウザを使っていると、あっという間にタブが増殖してしまいます。

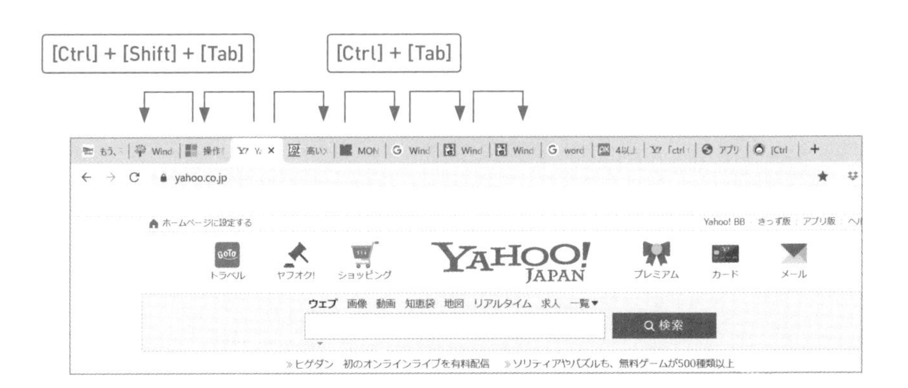

このタブを切り替えるショートカットも覚えておきましょう。[Ctrl]＋[Tab]で右隣のタブに移動していきます。このテクニックも[Shift]を加えて、[Ctrl]＋[Shift]＋[Tab]を押すと左方向のタブに移動していきます。

ブラウザを使っているときは、リンクをクリックしたり画面をスクロールしたりしているのでマウスで操作をしていることが多いと思います。そのようなときは、わざわざキーボードに手を置き換えずにマウスでタブの切り替えをした方が速いです。

ですが、キーボード操作をしているときにはそのままショートカットでの操作の方が速いので、ケース・バイ・ケースで速い方を使うようにしましょう。

SHORT CUT MEMO

ソフトの切り替え	[Alt]＋[Tab]
逆方向に切り替え	[Alt]＋[Shift]＋[Tab]
カーソルを移動	[Tab]
カーソルを逆方向に移動	[Shift]＋[Tab]
右隣のタブに移動	[Ctrl]＋[Tab]
左方向のタブに移動	[Ctrl]＋[Shift]＋[Tab]

POINT.4

地味で忘れがちだけど本当は使える［Windows］キー

Windowsパソコンには、[Windows]キーというものがあります。キーボードの左下にあるキーです。このキーは地味で使わない人も多いですが、使えるとなかなか便利な機能を持っているので、よく使うテクニックを覚えておきましょう。

☑ キー1つでメニューを立ち上げる

画面左下のタスクバーにWindowsのロゴマークのアイコンがあります。それをマウスでクリックするとスタートメニューが表示されますが、これはキーボードの[Windows]キーを押しても表示されます。

また、キーボードでこのメニューを立ち上げた後ですが、マウスを使ってメニューを選択するのではなく、そこから先もキーボードで操作してしまいましょう。[↑][↓]キーを押せばメニューを移動できますし、[Tab]を押せば次のメニューカテゴリに移動します。

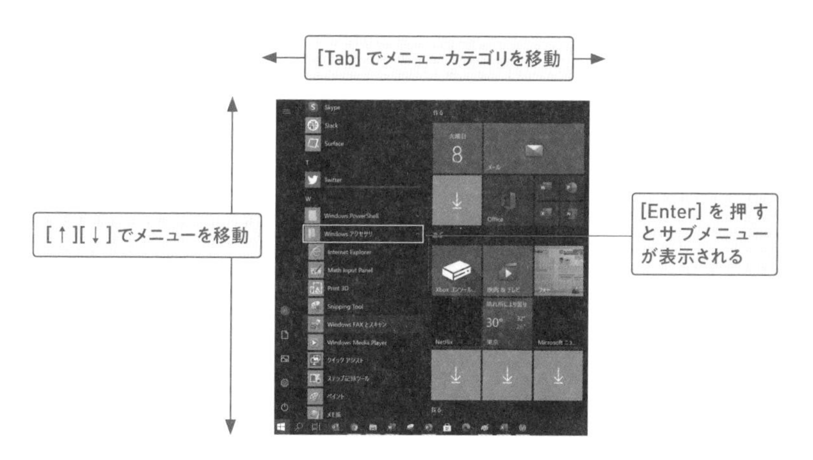

使いたい機能のところまでキーボードだけで操作すれば、あとは[Enter]を押すとそのソフトが起動され、マウスなしで使いたい機能を起動させることができます。

☑ 一瞬でデスクトップ画面を表示させる

多くのビジネスパーソンは、デスクトップにフォルダやファイルを置いていたり、ショートカットを置いていたりすると思います。そして1日に何度もデスクトップを表示させるのではないでしょうか。

これをいちいちマウスで実行すると、本当に面倒くさい作業になります。アプリケーションのウィンドウを1つずつ最小化したり、タスクバーの上で右クリックを押して、デスクトップを表示させる必要があります。これでは時間がかかってしまいます。

デスクトップにたくさんのものを置いている人は、余計にその頻度が高くなり、どんどんチリツモで余計な時間をかけてしまいます。

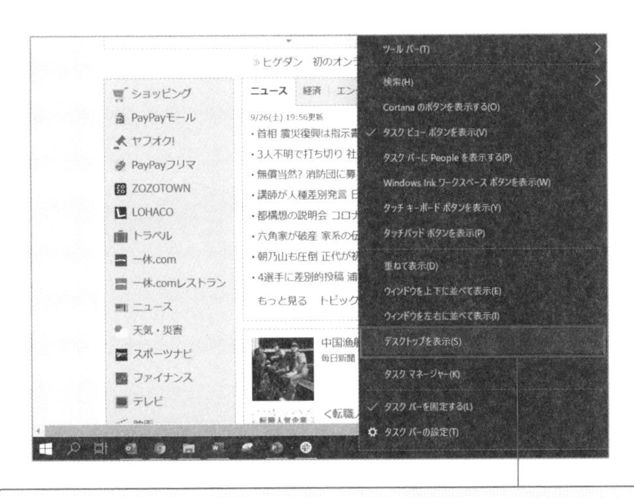

タスクバー上で右クリックを押し、表示されたメニューの[デスクトップを表示]をクリック

それを解消するのが、[Windows] + [D] のショートカットです。これ一発でデスクトップ画面が表示されます。このテクニックは本当に煩わしい作業を一瞬で解消してくれます。DはDesktopと覚えておきましょう。早めに体に染み込ませておきたいテクニックです。

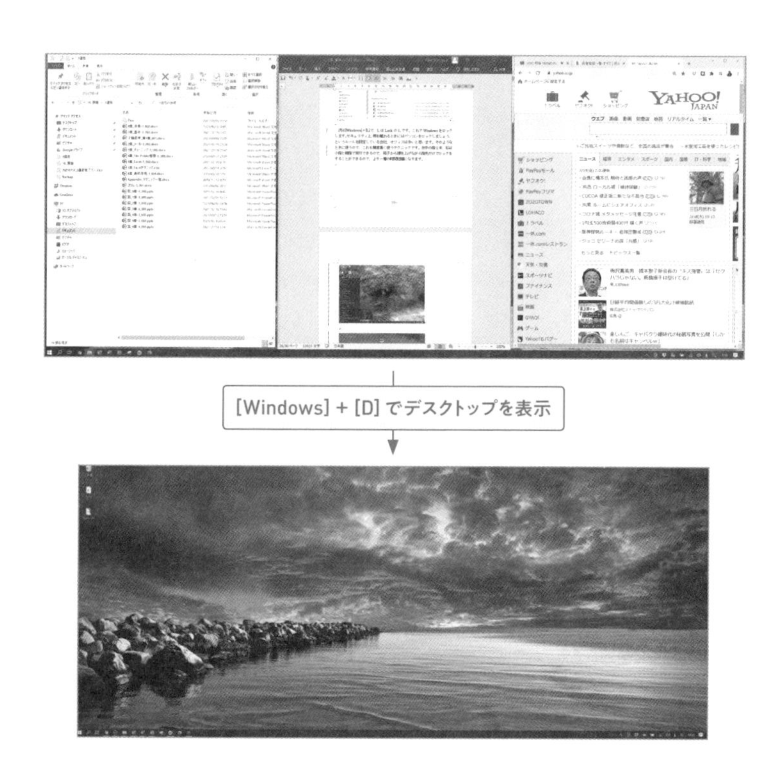

☑ その他のお役立ち［Windows］キーショートカット

[E]と[L]を使ったテクニックも便利でよく使います。

まず[E]は、[Windows]＋[E]でエクスプローラーを表示します。どんなソフトを使っているときでも、このショートカットでフォルダを開くことができるので大変便利です。ExplorerのEと覚えましょう。

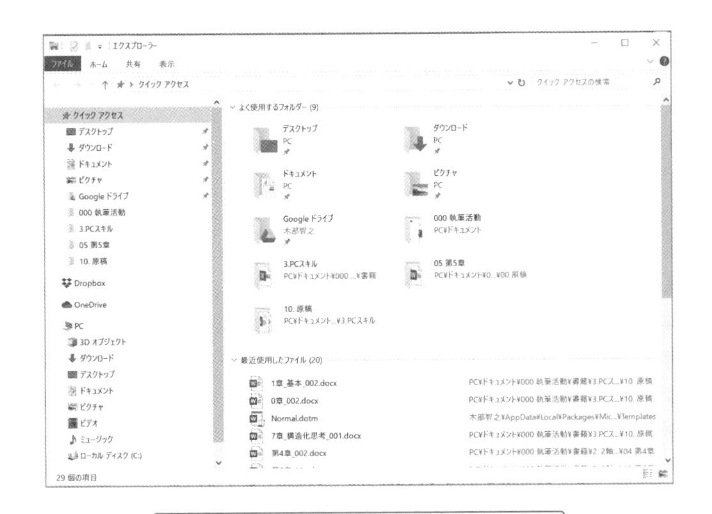

[Windows] + [E] でエクスプローラーが起動する

次は [Windows] ＋ [L] です。L は Lock の L です。これで Windows をロックします。セキュリティ上、「席を離れるときにはパソコンをロックしましょう」というルールを設定している会社やオフィスは多いと思います。そのような職場環境で頻度高く使うテクニックです。左手の指2本、私は小指と親指で実行しますが、椅子から腰を上げながら指先だけでロック可能なので、時間短縮になります。

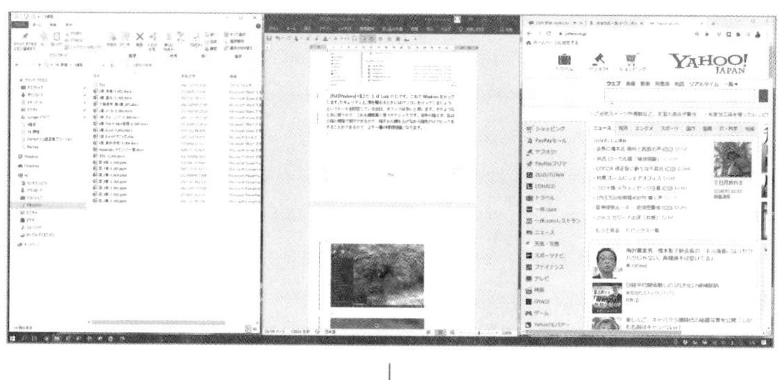

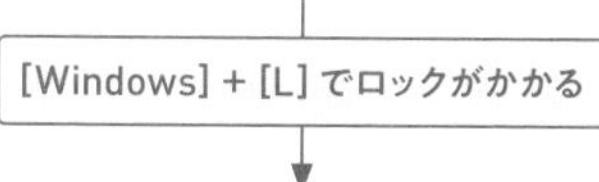

SHORT CUT MEMO

スタートメニューの起動	[Windows]
デスクトップの表示	[Windows] + [D]
エクスプローラーの起動	[Windows] + [E]
Windows をロックする	[Windows] + [L]

POINT.5

何かをキャンセルしたいなら、まず［Esc］で逃げる

キーボードの左上に鎮座しているキーが[Esc]です。Escapeの略です。Windowsでは、「キャンセル」、「中止」、「いいえ」などといった機能を持っていて、とても多くのシーンで便利に使うことができます。このキーを使いこなせば、マウスを触る回数はさらに激減します。私は、何かをキャンセルするときは左手の中指が[Esc]キーの上にすぐに動いていきます。これはもう反射的に手が勝手に動くほどになっています。

いくつか[Esc]キーを使う例を紹介します。パソコン上で右クリックを押すと図のようなおなじみのメニューが表示されます。ですが、表示させたけど、やはり何も実行せずに元の作業に戻ることもあります。そのときに[Esc]を押すとこのポップアップメニューは瞬時に消えてくれます。

[Esc]ボタンで消える

Excelでセルの書式設定を行うときに出てくるこのようなサブウィンドウも[Esc]キーで閉じることができます。マウスでいちいち右下の「キャンセル」ボタンをクリックしなくても瞬時に閉じられます。

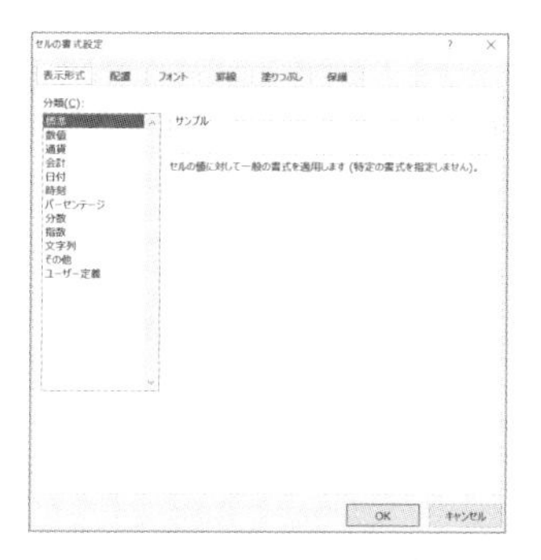

[Esc] ボタンで消える

☑ 操作の途中でもキャンセルできる

ウィンドウやメニューのキャンセルだけでなく、操作中のものをキャンセルする機能もあります。ドラッグ&ドロップでファイルを移動するときに、間違ったファイルをつかんでしまったり、ドラッグ途中でやめようと思ったりすることもあります。そのときに、[Esc] キーを押せばドラッグ&ドロップの操作がキャンセルとなります。

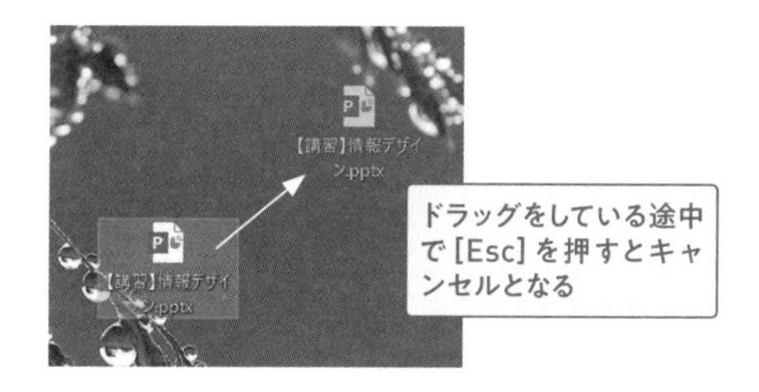

このように、[Esc] キーはいろいろな場面で活躍します。キャンセルしたい、というときにはとりあえず[Esc] キーを押してみましょう。

SHORT CUT MEMO

［Esc］

POINT.6

パソコンの操作スピードを高めるマウスの使い方

キーボードを使ったショートカットテクニックは速くて便利です。ここまでマウスを使うことが悪で、キーボードテクニックこそ神であるかのように紹介してきましたが、マウスを否定しているわけではありません。マウスが便利であるということもまた事実です。私もマウスがなければ仕事のスピードは格段に落ちてしまいます。

ここからは、そのマウスを最大限に活用するためのマウスの設定と、マウスとキーボードを使ったテクニックを紹介します。使える武器が増えるとより一層のスピードアップになります。

☑ マウスは5ボタンがおすすめ

まずはマウスのタイプからです。右ボタン、左ボタン、マウスホイールの3つのベーシックなタイプから、たくさんのボタンやホイールがついている多機能なものまでありますが、5ボタンタイプのマウスがおすすめです。

5ボタンマウスとは、下記ボタンを備えたマウスのことです。

・左ボタン
・右ボタン
・ホイール
・サイドボタン1
・サイドボタン2

なぜこの5ボタンタイプがおすすめかというと、単にクリックするだけでなく、自分がよく使う機能をサイドボタンに割り当てることができるからです。一方で、これ以上のボタンと機能があったとしても普通に仕事をしているには使いこなすことができない機能が多く、ムダに高いマウスを買ってしまうことになるので、5ボタンで必要十分なマウスだと思います。

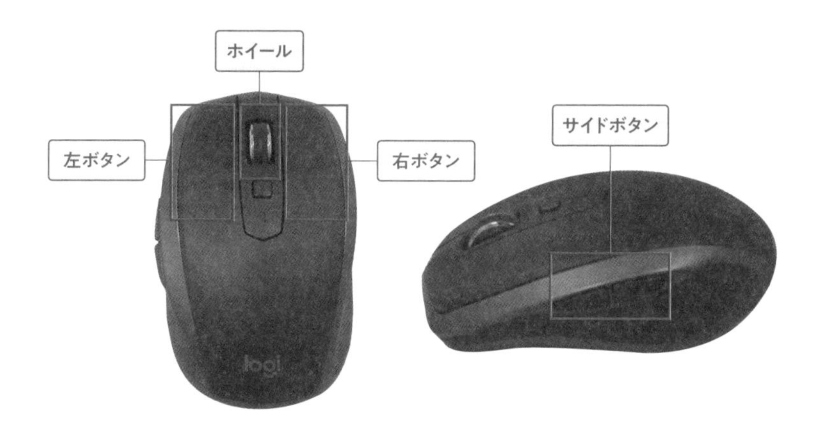

☑ サイドボタンで画面やフォルダの移動

私が5ボタンを使う1番の理由はサイドボタンです。このボタンを右手の親指で使うことで作業効率があがります。

私はこのサイドボタンにブラウザやフォルダの「戻る/進む」機能を割り当てています。サイドボタンを押すことで、フォルダを戻ったり進んだりすることができ、ブラウザも同様に画面を戻ったり、進んだりできるので、ブラウザでマウスを使って調べ物をしながら、1つ前の画面に戻ったりするのをマウスだけの操作でできます。マウスでブラウザの左上にある戻るボタンを押したり、キーボードに手を置き換えてショートカットで操作したりするよりもサイドボタンを使った方が速いです。

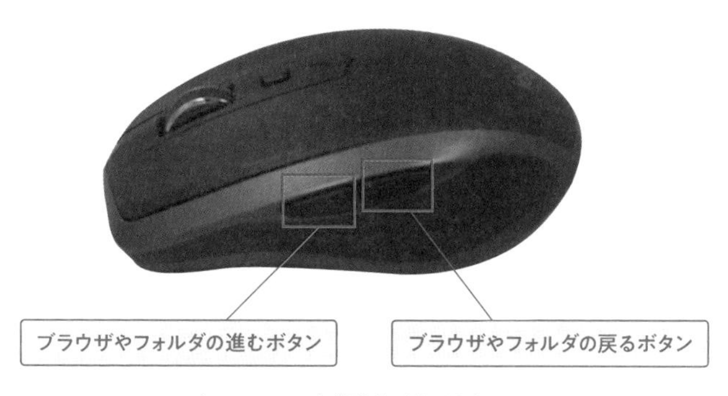

※マウスによっては初期設定が逆の場合もある。
また、マウス設定により、他の機能を割り当てることもできる

☑ 範囲選択のマウステクニック

コピーや切り取り、フォントの変更をするときなど、文章のある程度の範囲を選択することがあります。その範囲選択をするときにマウスで便利なテクニックがあります。

普通の方法では、選択したい範囲の開始位置で左クリックを押し、そのまま左クリックを押しながら終了位置でクリックを離して選択します。ですが、[Shift] キーを使うともっと便利になります。選択したい先頭にカーソルを当てて [Shift] キーを押します。そして、選択したい範囲の最後のポイントで左クリックするとその範囲全体が選択されます。これは、選択したい範囲が広いときやWordなどでページをまたがったりしているときにより便利な機能です。

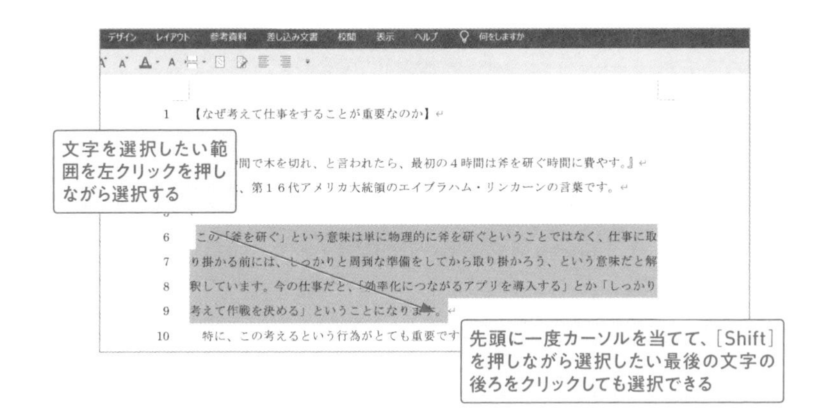

マウスで選択したあとに、そのままドラッグ＆ドロップをすれば選択範囲を図のように移動することができます。[Ctrl]＋[X]→[Ctrl]＋[V]でカット＆ペーストするのと同じなので、マウスで選択したときはそのままマウスだけで操作を完了することができます。

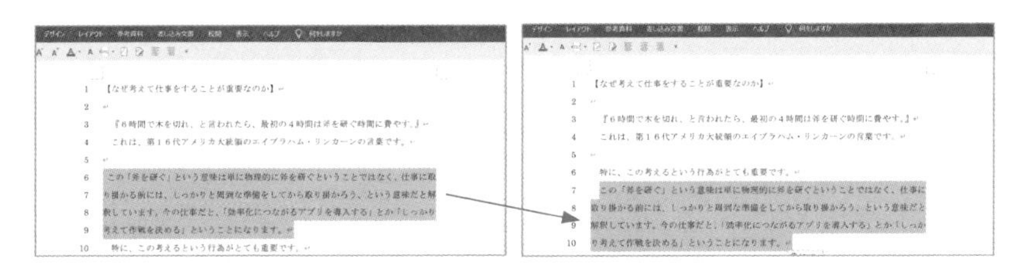

ドラッグ＆ドロップで選択範囲を移動

☑ ダブルクリック＆トリプルクリックを使ったテクニック

単語の上でマウスをダブルクリックすると単語が選択状態になります。そして、トリプルクリックで段落全体が選択状態になります。

この機能は使い慣れると、コピペ作業が多いときにすごく便利です。

ダブルクリックで
ひとつの単語のみ
が選択される

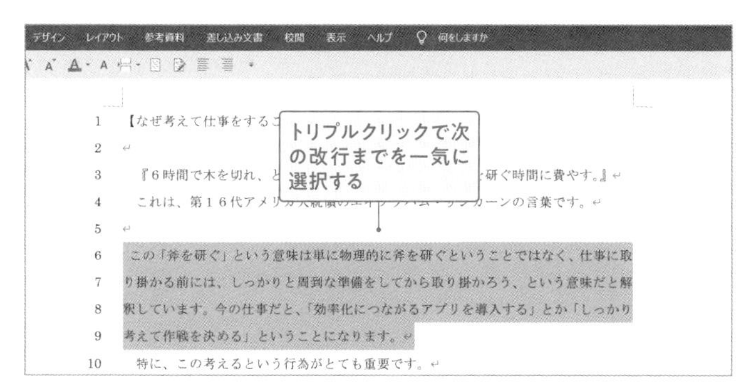

☑ ホイールボタンを左右に倒せば左右のスクロール

これは、マウスによっては機能しないものもありますが、最近のマウスではマウスホイールが左右に倒せるものがあります。ホイールボタンが左右に倒せるタイプのほとんどは左右のスクロール機能が初期設定となっています。

Excelを使っているときは、上下方向に画面を移動するだけでなく、左右の方向に移動することがかなりあります。このときにホイールボタンを左右に倒すと左右方向の画面移動ができます。これはかなり便利です。ブラウザで表示されている画面が横方向に収まりきっていない場合にも使えます。

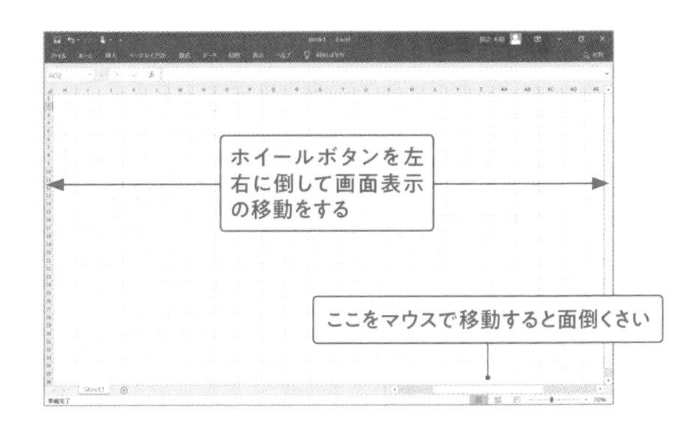

☑ マウスを自分好みにカスタマイズしておく

最近の5ボタンマウスを買うと、そのマウスの機能設定をカスタマイズできるソフトウェアも付属しています。このソフトでサイドボタンやホイールの左右倒し、左右のクリックなどの動きを設定することができます。

私はサイドボタンを戻る/進むに設定しています。それ以外は初期設定のままが多いです。いろいろな設定ができるので、自分好みの設定を探してみましょう。

専用ソフトがないときは、Windowsの設定からもマウスの設定ができます([windows]→コントロールパネル→マウス)。

細かな設定はできませんが、基本的なマウスの設定をすることができます。

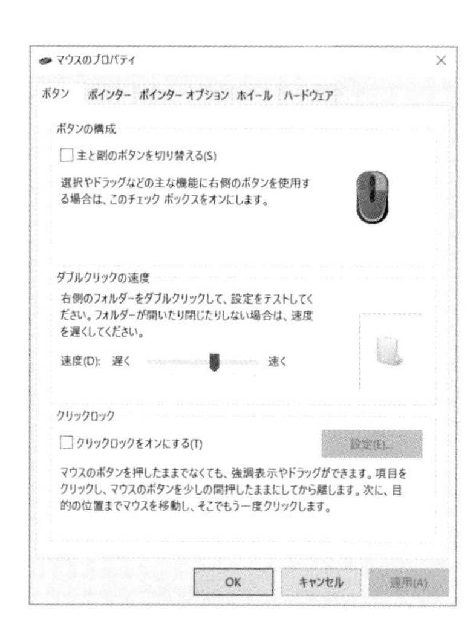
マウスのプロパティ
ボタン
ポインター
ポインター オプション
ホイール
ハードウェア
ボタンの構成
主と副のボタンを切り替える(S)
選択やドラッグなどの主な機能に右側のボタンを使用する場合は、このチェック ボックスをオンにします。
ダブルクリックの速度
右側のフォルダーをダブルクリックして、設定をテストしてください。フォルダーが開いたり閉じたりしない場合は、速度を遅くしてください。
速度(D): 遅く
速く
クリックロック
クリックロックをオンにする(T)
設定(E)...
マウスのボタンを押したままでなくても、強調表示やドラッグができます。項目をクリックし、マウスのボタンを少しの間押したままにしてから離します。次に、目的の位置までマウスを移動し、そこでもう一度クリックします。
OK
キャンセル
適用(A)

POINT.7

マウスとキーボードのコンビネーション

ここまで、キーボードとマウスのそれぞれのテクニックを紹介してきました。次はそのキーボードとマウスを組み合わせたコンビネーションテクニックを紹介します。

☑ [Ctrl] +スクロールで拡大・縮小

ブラウザを使っていて、表示した画面の文字が小さくて拡大したくなったり、逆に文字が大きすぎて縮小したくなったりすることがあります。そのようなときには、[Ctrl] キーを押しながらマウスのスクロールボタンを使うとすぐに拡大・縮小ができます。

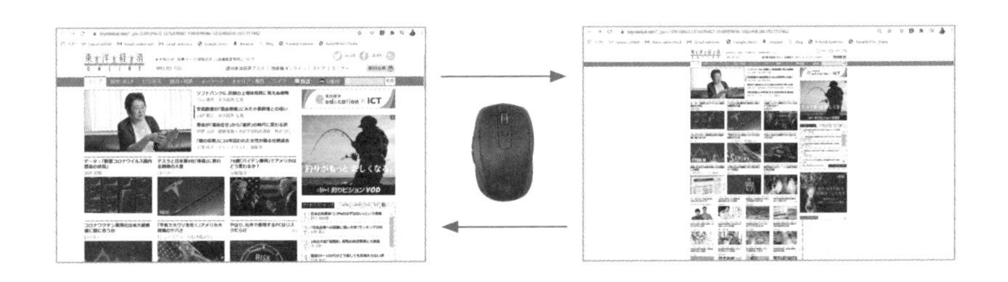

[Ctrl] +ホイールで拡大・縮小

このテクニックは、ブラウザだけでなく、Word、Excel、PowerPointはもちろん、ほとんどのソフトで使える機能です。これを使わないと、いちいちメニューなどから拡大・縮小の機能をクリックしたり、ソフトの画面の右下にある拡大・縮小ボタンをマウスで操作したりしないといけません。これは結構な手間ですので、キーボードとマウスで拡大・縮小をするといいでしょう。

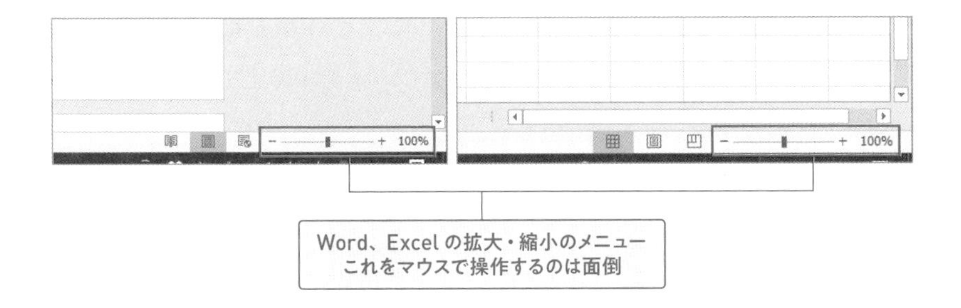

☑ 右クリックメニューからのキーボードで時間短縮

マウスの右クリックメニューはよく使うと思います。次の図のようにデスクトップにフォルダを作成したりするときです。

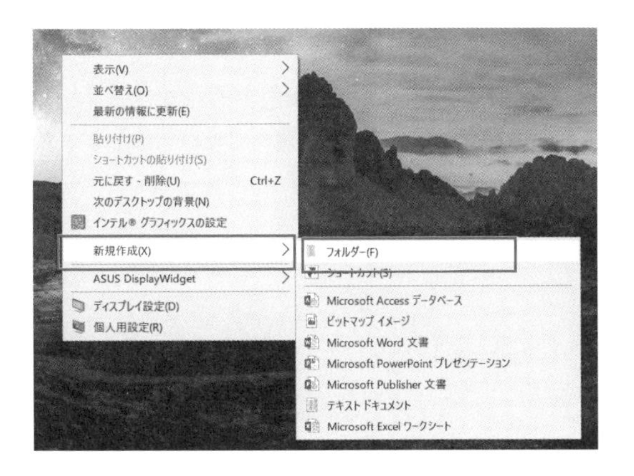

このとき、メニューの日本語表示の最後にアルファベットが表示されています。その表示されているアルファベットをキーボードで押すと、マウスでクリックしなくてもその機能が実行されます。フォルダの新規作成の場合ですと、[右クリック]→[X]→[F] です。いちいちマウスで

カーソルを当てていかなくてもキーボードで操作ができます。

私は、もう何度も何度も新規フォルダを作成してきたので、[右クリック]→[X]→[F]で新規フォルダの作成、というのを体が覚えています。

ファイルのプロパティを見たいときは、ファイルの上で[右クリック]→[R]です。

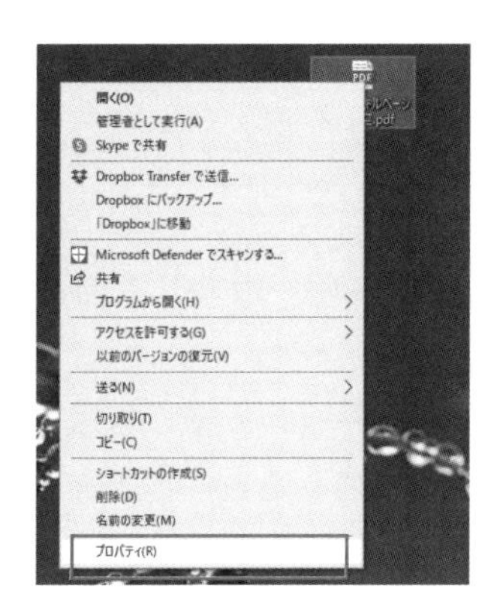

これは、[Alt]＋[Enter]というショートカットもありますが、これは私も覚えてはいませんし、知らないと調べないと使えないので、右クリックで表示されるメニューに表示されるアルファベットで実行する方が格段に速いです。

SHORT CUT MEMO

拡大・縮小	[Ctrl]＋スクロール
フォルダの新規作成	[右クリック]→[X]→[F]
ファイルのプロパティ	[右クリック]→[R]

POINT.8

ショートカット集を買わなくてもショートカットは見つかる

ショートカットは便利ですが、そもそも知っていなければ使うことはできません。[Ctrl] + [C] でコピーできることは多くの人が知っていますが、誰でも最初から知っていたわけではありません。どこかの段階で、何かのきっかけで知ったはずです。

仕事をする中でショートカットを使う必要にかられ、調べて、使えるようになると思いますが、みなさんはどうやって調べるでしょうか。本やインターネットで調べる、というのが王道でしょう。私も新しいソフトを使うときは、最初にショートカットやテクニックを本やネットで調べます。ですが、本を常に自分の手元に置いているわけもなく、いちいちネットで調べるのも面倒に思うことがあります。

☑ パソコンのショートカットはパソコンが教えてくれる

本やインターネットを使わずにショートカットを探す方法があります。それは、ショートカットを調べたい機能のアイコンの上にマウスカーソルを置く、という方法です。

Wordを例に取ります。私は会社員としての仕事ではWordを使うことはほとんどありません。このように本を書いたりする執筆作業をするときにときどき使うことがほとんどです。だから、Wordに関するテクニックは極めている、というレベルではありません。

では、どうするかというと、執筆作業をするときに必要な機能のアイコンにマウスカーソルを当てるのです。

例えば、原稿を書いていると、キリのいいところで「改ページ」を入れます。その操作がかなりの回数になるので、マウスを使っていちいち操作しているととても面倒になります。そのときに、「この機能のショートカットは何だろうか？」と、その機能のアイコンの上にマウスを持っていきます。Wordでは、[挿入]リボンの左側に[ページ区切り]というアイコンがあります。この機能のショートカットを知りたいので、ここにマウスカーソルを当ててみると、図のように[Ctrl]＋[Enter]というガイドが表示されます。これがこの機能のショートカットです。

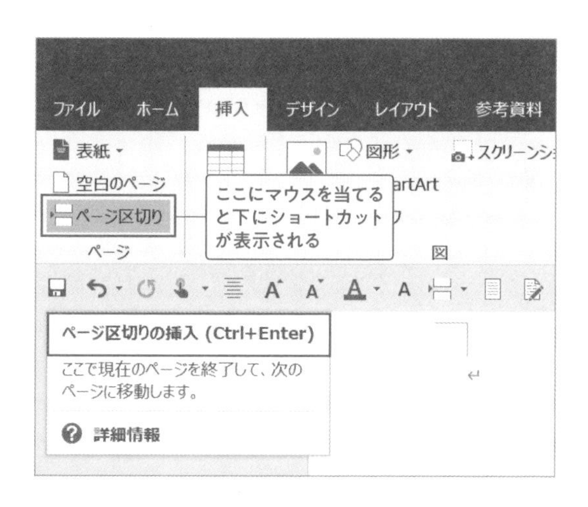

これでショートカットがわかったので、改ページを入れたいときは、[Ctrl]＋[Enter]のショートカットを使っていきます。

これはすべての機能に使えるテクニックではありません。ショートカットが割り当てられていない機能もたくさんあります。ですが、ショートカットキーが割り当てられている機能についてはほとんどの場合、表示されます。インターネットで探すよりも早いので、まずはマウスカーソルを当ててみる、ということをしてみましょう。

メニューに表示されるアルファベットを押してみよう

マウスカーソルを当ててショートカットを調べるのと同じようなテクニックに、メニューに表示されるアルファベットをキーボードで実行するテクニックもあります。

マウスの右クリックで表示されるメニューなど、メニューの日本語表示の後ろにアルファベットが書かれているものがあります。

例えば、「元に戻す」のメニューには(U)とCtrl＋Zが書かれています。(U)の方は、このメニューが表示されているときにUを押せば実行される、という意味です。Ctrl＋Zの方はショートカットを示しているので、この右クリックメニューを表示させずに[Ctrl]＋[Z]のショートカットで「元に戻す」という機能を実行することができる、という意味です。

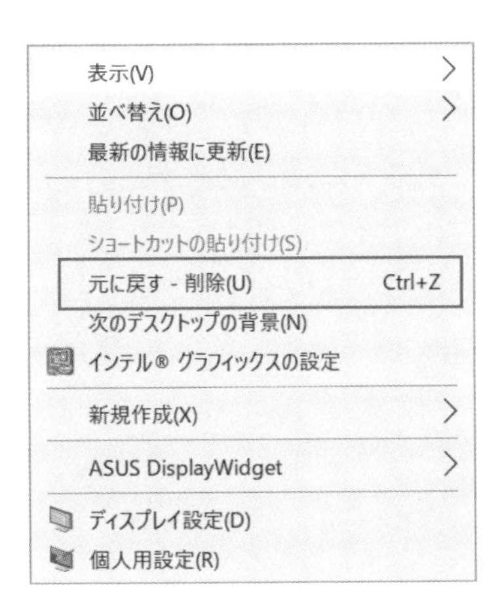

さきほど紹介した[右クリック]→[X]→[F]で新規フォルダを作成するテクニックは、このテクニックから来ているものです。仕事で何度も何度もフォルダを新規作成しているうちに、体がこの操作を覚えてしまいました。

COLUMN

テクニックが身につくまでの時間は「投資」

パソコン作業を速くするテクニックはたくさんあります。WordやExcelなど、それぞれで1冊の本が出ているほどです。

とても簡単なショートカットのテクニックから、慣れるまでには少し時間がかかるものまであります。すべてのテクニックが、知った瞬間から使いこなせるものとは限りません。ですが、身につくまで少し時間がかかるものであっても、身につきさえすれば、パソコンの操作が速くなることは間違いありません。

パソコンテクニックが身につくまでの時間は自分への「投資の時間」だと割りきって取り組んでください。

私のチームに若手メンバーが入ってきたときに、1週間マウスを使うことを禁止にしたこともありました。基本的にWindowsのパソコンはマウスがなくてもキーボードだけで操作ができるからです。

ですが、はっきり言ってその1週間はまったく仕事にはなりませんでした。マウスなしでパソコンを操作することに慣れていないから当然です。しかし、次第にキーボードでパソコンを操作するという感覚に慣れてきて、それなりに作業ができるようになります。そして、1週間経ったところでマウスを返してあげると、1週間前とは比べ物にならないくらい飛躍的にパソコン作業が速くなりました。

パソコンテクニックに慣れるまでは、将来のスピードアップのための投資の時間と思ってじっとこらえましょう。その結果はとても有意義なものとなり、成果として戻ってきます。

ひとつひとつのテクニックの習得のゴールは「体が覚える」こと、です。頭で考えながら手を動かしている状態はまだまだトレーニング状態です。反射的に手が動く状態を目指していきましょう。

CHAPTER

02

10通を1分で処理する

最速メール術

INTRODUCTION

残念ながら、今の時代、メールの処理に時間を費やすことがとても多くなっています。「残念ながら」とあえて言うのは、メール処理こそ不毛な作業の最たるものだからです。

みなさんは、メールの処理をしただけで仕事をした気になったことはありませんか。たくさんのメール処理をしたことで、自分は忙しく仕事をしていると勘違いしたり、多くのメールが来ることで自分が重要な役割を担っていると勘違いしてしまうことはないでしょうか。

現代のビジネスコミュニケーション手段としてメールが重要なツールであることは間違いありません。しかし、一方でメールに振り回され忙殺されていることも事実です。

日本ビジネスメール協会の「ビジネスメール実態調査2020」によると、1日のうちメールに費やしている時間は2時間29分。残業をして1日に10時間仕事をするとしたら25%をメールで費やすことになります。7時間労働だと36%を占めることになります。驚きの数字です。

テクニックを知ることでこの時間が削減できるのであれば、ぜひやるべきです。PowerPointやExcelを使わない日があっても、メールを使わない日はないでしょう。

これから紹介するテクニックについては、Outlookを中心に書いています。日本ビジネスメール協会の調査では、使っているメールソフトはOutlookが51%でGmailが38%という結果になっているからです。Gmailにも同等のテクニックがある場合にはそれも加えて書いています。

なお、Gmailでのショートカットは初期設定のままでは使えません。設定を変更する方法も最後にご紹介します。

POINT.1

ビジネスシーンでは毎日2時間以上メールに費やしている

日本ビジネスメール協会（https://businessmail.or.jp/research/）が毎年アンケート調査を行っており、2020年の調査結果が公開されていますので、そこからいくつか興味深い結果を抜粋します。

・仕事で使っている主なコミュニケーション手段の第1位は「メール」（99.1%）
・仕事で使用しているメールソフトは「Outlook（Office 365を含む）」（50.52%）と「Gmail（G Suiteを含む）」（38.40%）
・1日平均は送信「14.06通」、受信「50.12通」
・仕事でメールを確認する頻度は「1日に10回以上」（51.16%）が最多
・メールを読むのにかかる時間は平均1分19秒。1日66分メールを読んでいる
・メールを書くのにかかる時間は平均5分54秒。1日82分57秒メールを書いている
・残業が多いと感じる人ほどすべての項目で高い値を示す

これらのデータからわかることは、「やはりメールはビジネスシーンにおいて大きな比重を占めている」ということです。比重というのは、コミュニケーションツールとしての役割の視点での重要度、そして、1日の仕事時間の多くを占めている、という2つの視点での比重です。

☑ 年間240時間の削減も可能!?

1日のメール対応時間が2時間29分なので、この時間が20%削減で

きると30分の削減になります。この30分を思考の時間に費やすことができたなら、より大きな成果を出していくことができるようになるでしょう。

なぜなら、このメール対応の削減時間だけで1カ月で10時間、1年で120時間を思考に回すことができるからです。10年も経てば1200時間です。この差はとてつもなく大きいです。

メールは毎日使うツールです。同時に、多くの時間を費やすツールでもあります。つまり、メールの処理には、テクニックを使って時間が削減できる余地がたくさんあるということです。

POINT.2

送信・受信・返信は必ずキーボードで実行する

「メールを作成してから送信する」「受信したメールに対して返信する」といったメールの基本操作を、マウスを使わずにキーボードで実行する基本テクニックを紹介します。これはメールを処理する際に必ず生じるアクションなので、習得すれば時間短縮のチリツモ効果を得られます。

☑ 新規作成と送信はワンアクションで

メールの新規作成は1日に何度も行う作業です。[Ctrl] + [N] でメールの新規作成をしましょう。[N] はNewの意味で覚えておくといいでしょう。Gmailでは、[C] を押せば新規作成となります。[C] はCreateで覚えましょう。そして[Shift] + [C]とすれば、新規ウィンドウで新規メール作成になります。お好みで使い分けてください。

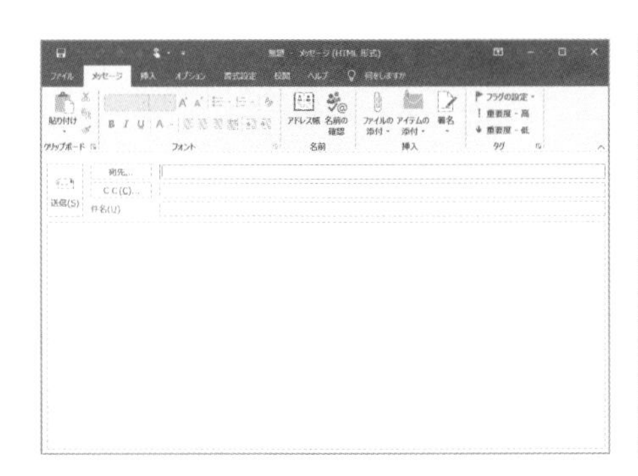
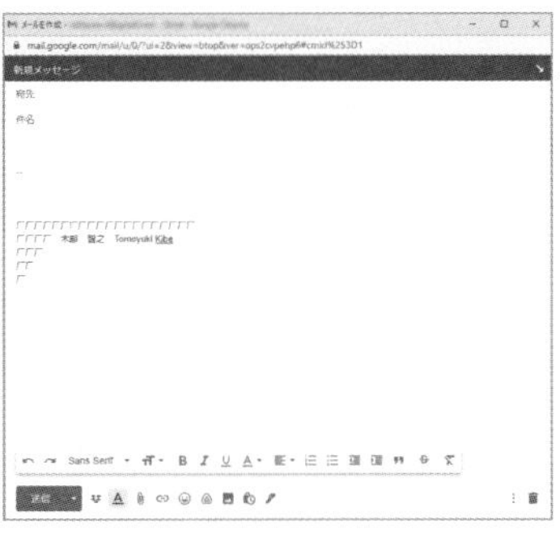

そして、メールタイトル、本文を書いて宛先を入力すれば次はメール送信です。送信は、[Ctrl] + [Enter]のショートカットで実行できます。

これはGmailでも同じショートカットです。

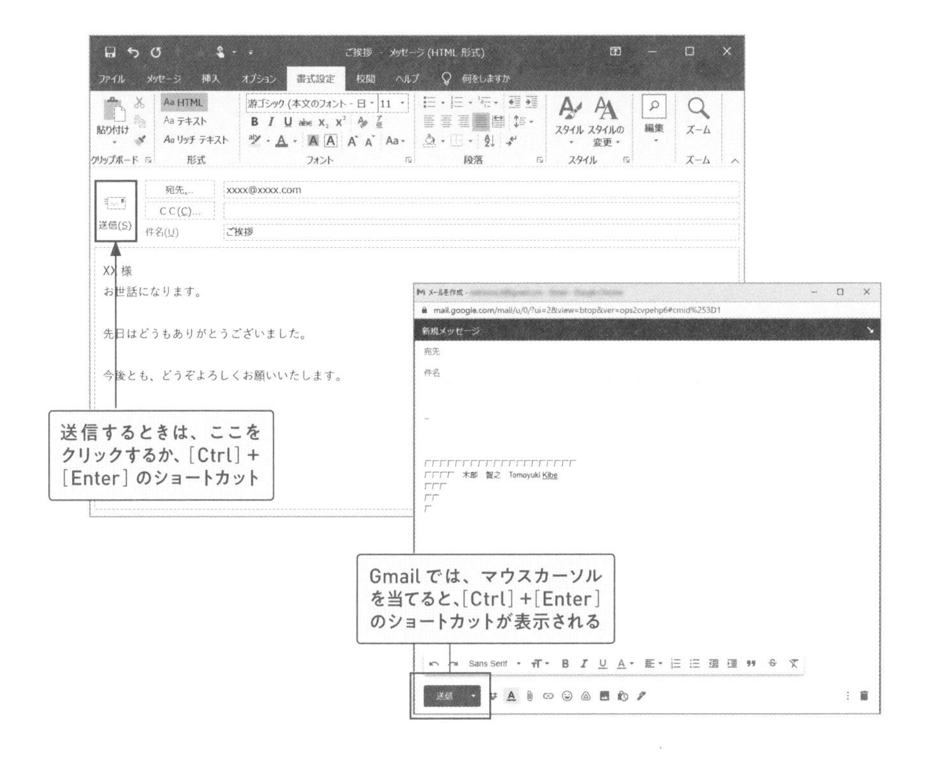

☑ 返信と転送もワンアクションで

受信メールが多いほど返信の作業も多くなります。メールを新規に作成して送信するよりも、返信で送信することの方が多いでしょう。

このとき、マウスで返信ボタンを押す人が多いですが、これもショートカットで返信してしまいましょう。返信のときはReturnという意味で、[Ctrl]+[R]で返信モードになります。送信者以外のToやCCの宛先まで含めて全員に返信するときは[Ctrl]+[Shift]+[R]で全員に返信することができます。

新規作成からの送信、そして受信メールの返信のショートカットまでくれば、あとは転送ですね。転送はForwardなので、[Ctrl]＋[F]で受信したメールを転送することができます。

図のように、それぞれのアイコンの上にマウスを置くとショートカットが表示されるので、これを見て思い出すこともできて便利です。

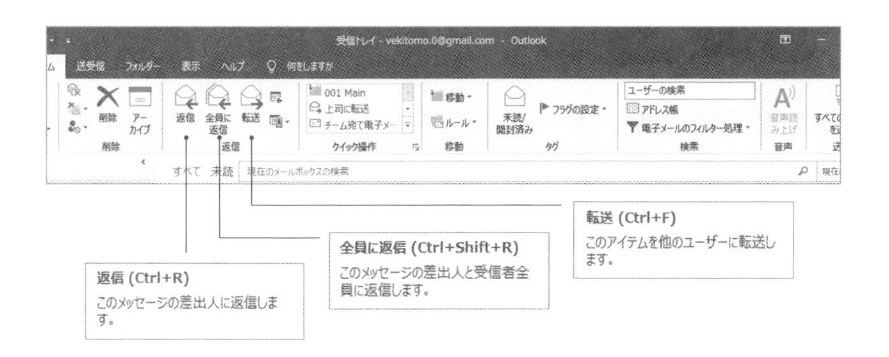

Gmailでは、[R]が返信で[A]は全員に返信、[F]で転送となります。そして、これらは[Shift]キーと一緒に押せば新規ウィンドウでのメール編集モードになります。

☑ 書きかけのメールをやめるときは[Esc]キー

[Esc]はキャンセル機能を持ったキーで、新規作成や返信のメールウィンドウでメールを書いているときに押すと、ウィンドウを閉じます。何も書いてないと、そのままウィンドウは閉じられますが、何かを書いていれば図のように保存するかどうかの確認のポップアップが出てきます。

保存せずにメール作成をやめるときはキーボードで[N]を押して「いいえ」を選択、保存したいときは[Y]を押して「はい」を選択しましょう。

[Esc]でキャンセルをするのはGmailでも有効です（[C]で新規作成

時の場合。[Shift]＋[C]で新規作成した場合は[Alt]＋[F4]でキャンセル)。

SHORT CUT MEMO

メールの新規作成	[Ctrl]＋[N]
送信	[Ctrl]＋[Enter](Gmailも同じ)
返信	[Ctrl]＋[R]
全員に返信	[Ctrl]＋[Shift]＋[R]
転送	[Ctrl]＋[F]
ウィンドウを閉じる	[Esc](Gmailも同じ)
メールの新規作成	[C]
返信(Gmail)	[R]
全員に返信(Gmail)	[A]
転送(Gmail)	[F]

POINT.3

メールのフォルダは4つに分けて管理する

多くの人は、受信したメールを内容やテーマ、差出人などでフォルダ分けをしていると思います。私自身、昔は20個も30個もフォルダを作って、プロジェクトごと、チームごと、タスクや、組織、メルマガなど、細かく振り分けをしていました。

しかし、今は4つしかフォルダ分けをしていません。というのも、フォルダが多くなればなるほど、その仕分けに無駄な時間を費やしていることに気づいたからです。よくよく考えてみると、フォルダを細かく分けているのは、自分が整理上手で的確にメール管理をできているという気持ちになるだけで、自己満足に過ぎないことがわかりました。

☑ フォルダを細かく分けるのは無駄

フォルダが多いと何に時間がかかるかというと、次の2つの場合です。

- 受信メールをフォルダに移動するとき
- 過去のメールを探すとき

まず1つ目ですが、フォルダ分けをするときに、迷わずに「このメールはあのフォルダだ」と判断できるメールもありますが、「このメールはどのフォルダだろうか」と迷ってしまうメールもかなりあります。その迷う時間が、はっきり言って無駄です。また、フォルダ分けが多いと、受信ボックスからそのフォルダへのドラッグ＆ドロップも手間がかかります。

そして最も問題になるのは過去のメールを探すときです。「あのプロジェクトに関するメールだから、このフォルダにあるはずなんだけど」とメールを探すものの、想定したフォルダになかったりします。それは、記憶違いであることもあれば、そもそもフォルダ移動をするときに操作ミスで思わぬフォルダに移動をしてしまうこともあるからです。

そして探しても探しても見つからず、どこに行ったかわからないので、結局は、すべてのフォルダに対して検索をかけてメールを探す羽目になるのです。

つまり、後で過去のメールを探しやすいようにするためにフォルダ分けをしているにもかかわらず、その目的を果たすことができず、結局はすべてのフォルダを検索してしまうことになり、本末転倒になるのがオチです。

結局すべてのフォルダを検索するのであれば、細かく仕分けする意味はないと気づいた私の、今のメールフォルダは以下の4つです。

・受信トレイ：ここは初期設定で受信したメールが最初に入るところで、このフォルダが主な作業場です。
・Mail Archive：読んだり、返信したりして、対応が終わったメールはすべてここに移動させます。
・承認系：社内の承認依頼メールなどを自動で振り分けるフォルダ
・出張関連：新幹線、飛行機、宿泊などの出張に関するメールを振り分けるフォルダ。

4つのフォルダの使い方を1つずつ説明します。

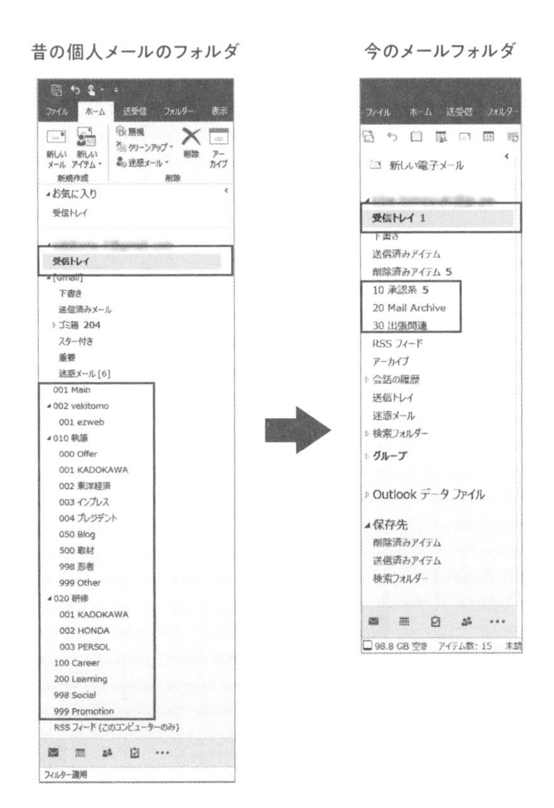

☑ フォルダ1「受信トレイ」

受信トレイは、Outlookを初期設定のままで使う場合、受信したメールが格納されるフォルダです。「フォルダ分けが少ない方がいいなら、受信トレイだけでいいのでは」と思われたかもしれませんが、私がたどり着いた結論は違います。順を追ってご説明しましょう。

私は、受信トレイには未対応・要対応のメールのみを残しています。読み終わったり、返信したりして、それ以上の対応が不要になったメールは受信トレイから移動させます。そうしないと、いつまでも過去のメールまで何度も無用にチェックをして、時間を浪費してしまうからです。
　また、後で説明しますが、メールでのToDoをこの受信トレイで管理するので、そのためにも対応が済んだメールは受信トレイから移動するようにしています。

☑ フォルダ2「Mail Archive」

　次は、その対応済みのメールを移動させるフォルダです。私は「Mail Archive」という名前にして、すべての対応済みメールをこのフォルダに置いています。私は4つのフォルダを使っていますが、人によっては、「受信トレイ」とこの「Mail Archive」だけでもいいと思います。
　フォルダを1つしか設定していないと「いざというときに困るんじゃないか?」と漠然とした懸念を抱くかもしれません。私も最初は少しばかり不安で勇気が要りました。ですが、やってみてわかりましたが、何も困らないです。完了メールの仕分けに何も考えなくていいので、無駄に考える時間もなくなるし、移動する作業も一瞬で済みます。この一瞬の移動作業のテクニックは後ほど紹介しますが、それと合わせると本当に何も考えずに一瞬で済むようになりました。

☑ フォルダ3「承認系フォルダ」

　基本は「受信トレイ」と「Mail Archive」だけでも大丈夫だと思いますが、私は自分の仕事の特性に合わせて、この他に2つのフォルダを作っています。その1つが「承認系フォルダ」です。
　勤怠関連の承認や、何かの申請に対する承認、プロジェクト進行上の承認、出張旅費精算の承認など、承認依頼のメールが送られてきます。承認依頼のメールは1日の中で何度もパラパラと飛んできますが、承認作業自体は1日のうち、何度かにまとめて行うことがほとんどです。例えば、1日の仕事が片付いて、帰宅前にまとめて行う、といったようなタイミングです。

承認作業は、1日のどこかでまとめてすることが多いので、そのような依頼メールが受信トレイに入ってくると頭の中のノイズになってしまいます。だから承認メールは自動振り分け設定をして承認系のフォルダに置いておいて、承認作業をするときにまとめて確認するようにしているのです。

☑ フォルダ4「出張関連フォルダ」

出張に行くときには事前に飛行機や新幹線、宿泊の手配をします。そして、手配が完了したらその旨の通知メールが飛んできます。前日や数時間前にはリマインドのメールも飛んできます。

基本的には、これらのメールは読まなくてもいいメールで、出張の直前にちゃんと手配ができているかを確認するために開く、またはスケジュール表に時間登録をするために開く程度です。これらのメールが受信ボックスに入ってくると、確認したりフォルダ移動をしたりする作業が面倒なので、受信したらそのまま出張関連のフォルダに自動で移動するようにしています。ポイントは、すぐに読まなくてもいいとわかっているメールは、仕事の集中を妨げないように受信トレイに入らないようにしておく、ということです。

このようにフォルダ分けを必要最小限にしたことで、メール仕事が格段に効率的になりました。承認系フォルダや出張関連フォルダは不要な人もいると思います。逆に他のフォルダが必要な人もいるでしょう。

取捨して、自分にとって最適なフォルダを作ってください。ポイントは「できるだけ少なくする」ことです。

POINT.4

メールをフォルダに瞬間移動させる

処理済みメールの置き場を「Mail Archive」にするテクニックの効果を、さらに高めるテクニックがあります。それがOutlookの機能として備わっている「クイック操作」です。

フォルダ振り分けを「Mail Archive」だけにしておけば「どこのフォルダに移動しようか」と迷う時間は不要です。迷わなければ、そのメール移動の操作をマウスではなくキーボードでできるようにしておけば、本当に一瞬で処理を終わらせることができます。

1日に何度も行う作業なので、無駄な時間も累積的に削減できるし、気分も良くなります。心身ともに多分なメリットが享受できるテクニックで、これまで紹介してきた人全員から「めっちゃ楽になりました!」と喜ばれました。

☑ クイック操作の設定方法

私が「Mail Archive」フォルダにメールを移動するときは[Ctrl]＋[Shift]＋[1]を押します。左手の親指[Ctrl]、小指[Shift]、中指[1]だけでメールのフォルダ移動が終わります。

これを実行するためにはOutlookの「クイック操作」という機能で設定する必要があります。ホームメニューに「クイック操作」があるので、まずそこで「新規作成」を選びます。

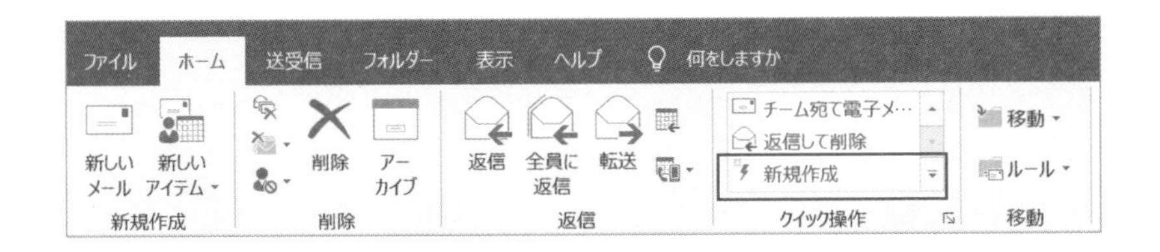

次に出てくる画面で、そのクイック操作の内容を入力していきます。図にあるように移動先のフォルダ名などを入力すればOKです。

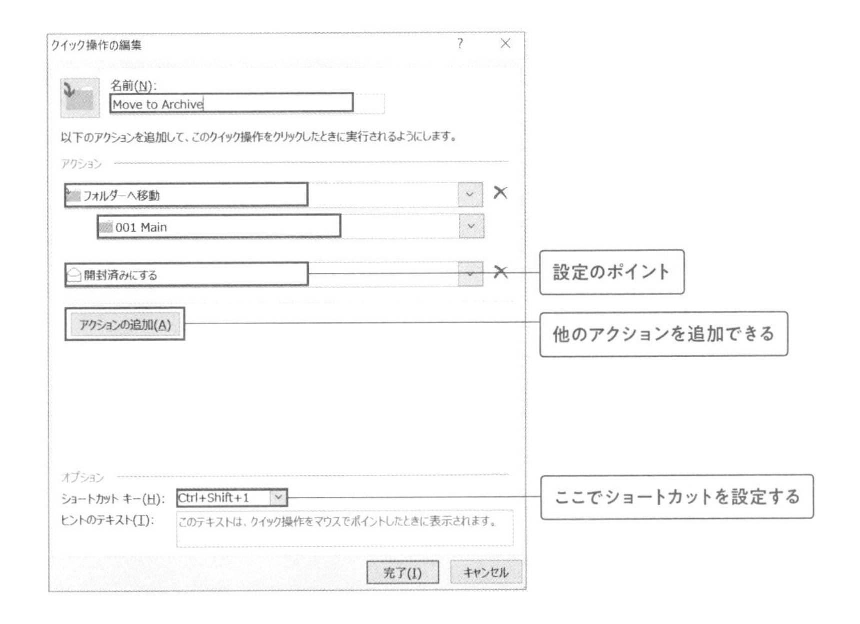

画面下にあるショートカットキーで、この操作を実行するショートカットキーを設定します。そうすれば、[Ctrl]＋[Shift]＋[1]でメールを設定したフォルダに一瞬で移動させることができます。

さらにここで設定のポイントがあります。それは「開封済みにする」オプションです。「アクションの追加」のボタンをクリックすれば設定することができます。

メールタイトルを見ただけで、「このメール読まなくてもいいな」と思うメールがあると思います。そのようなメールを選択してこのショートカットを実行すると、フォルダ移動をして、かつ、メールを開封済みにしてくれます。そうすると、「Mail Archive」フォルダで未読メールとして数字がカウントされずに移動させることができます。わざわざ開いて既読にする必要がないのでとても便利です。

SHORT CUT MEMO

「Mail Archive」フォルダにメールを移動（※クイック設定が必要）	［**Ctrl**］+［**Shift**］+［**1**］

POINT.5

検索設定をカスタマイズして メールの検索スピードを速くする

「昔のメールを探すのに5分、10分かかってしまった」という経験は誰にでもあるのではないでしょうか。見つかればいい方で、結局見つからないことも、私自身何度も経験があります。そのたびに、なんと無駄な時間を使ってしまったことかとヘコんでしまいます。

私は今はメールフォルダの構成をシンプルに少なくし、過去のメールは検索して探すことにしているのですが、その探し方次第でメールを探す時間に雲泥の差が生じます。探し方がイマイチだと時間もかかるし、探し当てられないことも。そうならないようにメールの検索機能のオプションを設定して、より効率的に検索できるようにしておきましょう。

☑ 検索機能の設定方法

まず、Outlookでメールを検索するときは、[Ctrl]＋[E]を押すと検索ボックスが表示されます。初期設定のままでは、図のような単なる入力ボックスが表示されます。

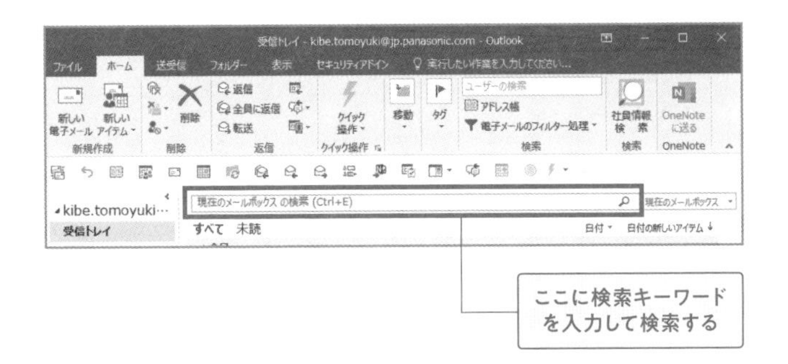

ここから更に検索オプションを設定して、効率よく検索ができるようにしていきます。検索メニューの詳細をクリックすると、次の図のようなプルダウンメニューが出てきます。これが検索ボックスの追加オプションです。追加したいオプションをクリックすると、その検索ボックスが追加されていきます。

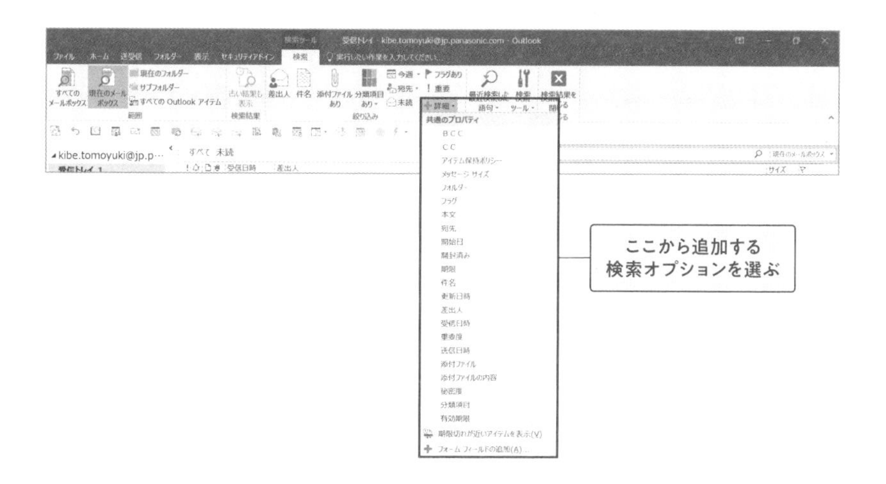

私は「差出人」「件名」「本文」「添付ファイル」「添付ファイル内容」を追加しています。その検索ボックスは図のようになります。

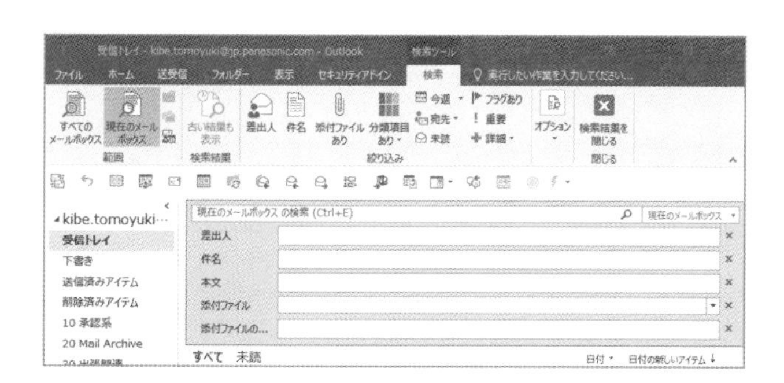

これらのオプションを設定しておくと、差出人、件名、本文に対してキーワード検索できるので、より精度の高い検索ができるようになります。

添付ファイルを探すこともあります。そのときには、添付ファイルのファイル名やファイルの中にあったキーワードで検索ができます。

他にも検索オプションがありますので、自分がよく使いそうなオプションがあればそれも設定しておくといいでしょう。

過去のメールを探すことはよくあると思います。このメール検索機能の設定をするだけで、その時間が格段に削減されるのです。設定は1度だけの作業なので、ぜひやっておきましょう。

☑ Gmailのメール検索テクニック

Gmailでも同じように検索オプションがあります。

上の図の検索入力ボックスの右端に▼ボタンがあり、クリックすると詳細な検索条件を入力できる画面がプルダウンで表示されます。

Gmailでは、添付ファイルの内容検索がないように見えますが「添付ファイルあり」にチェックを入れて検索キーワードを入力すると、添付ファイルの内容も検索されます。

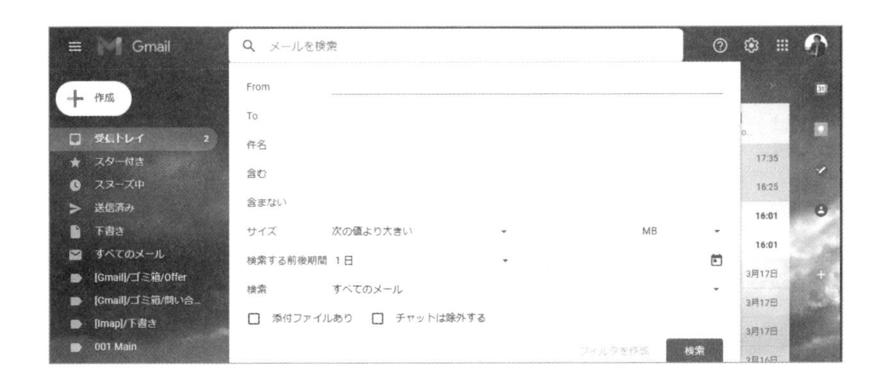

SHORT CUT MEMO

検索ボックス	[Ctrl] + [E]

POINT.6

メールの受信通知はオフにする

なぜか人は、仕事中に何度もメールチェックをしてしまいます。メールが来ていようがいまいがチェックしてしまいます。これは意味もなくスマホをいじってSNSで連絡が来ていないかと確認してしまうのと同じような衝動なのでしょう。

そして「メールが来た」とわかると、即座に反応してメールを開いてしまいます。その「メールが来た」ことを知らせるのがメール通知機能です。この機能が、時間泥棒の曲者なのです。

通知されると、多くの人はつい反射的に反応してしまいます。まるでポップコーンを目の前に投げられたハトのようですね。ハトはポップコーンを投げられると、反射的にそれを食べてしまいます。

かく言う私も昔は、メール通知機能を設定していました。受信するとすぐにアイコンやポップアップでそのことが通知されるので、便利な機能だと思っていましたし、ポップアップが出ることがカッコイイと思っていました。

でも後になって、実はその通知には大して意味がないどころか、自分の仕事の邪魔になっていることに気づいたのです。

☑ 受信通知はどれくらい仕事の邪魔になるか

メール受信の通知を受けたときの反応パターンは、次の2つでした。

1つは、すぐにメールソフトを開いて確認する。そして、ほとんどのメールは急ぎではないので、そのまま置いておいて元の仕事に戻っていました。そのメールは後で他のメールと一緒に処理をしました。

もう1つのパターンは、通知が表示されてもすぐにそれを閉じてしまう、というものです。「今は別の急ぎの仕事をしているから」と消してしまい、そして元の仕事に戻っているのです。つまり、通知されたことの意味がなく、「通知を消す」というムダな作業をしていました。

いずれにしても、通知を受けるメリットはほとんどなく、逆に目の前の集中してやるべき自分の仕事の邪魔をしていることに気づいたのです。

また、他人に対しても集中力を阻害してしまうことがあります。例えば、ミーティングでパソコンの画面をプロジェクターに映しているときに、そこにメールのポップアップが表示されると、見ているメンバーの全員がそこに目が行ってしまい、せっかく議論が盛り上がっていても一瞬空気が途切れてしまいます。チームの生産性という意味でもすごくもったいないことです。

ポップアップが出た瞬間に対応をしないといけないほどの緊急のメールなんて、ほとんどありません。だったら目の前の仕事に集中できる環境を整えた方がいいでしょう。

☑ 通知を切るだけでなくソフトを落としておく

Outlookでは、初期設定で通知される設定になっているので、その設定はオフにしましょう。

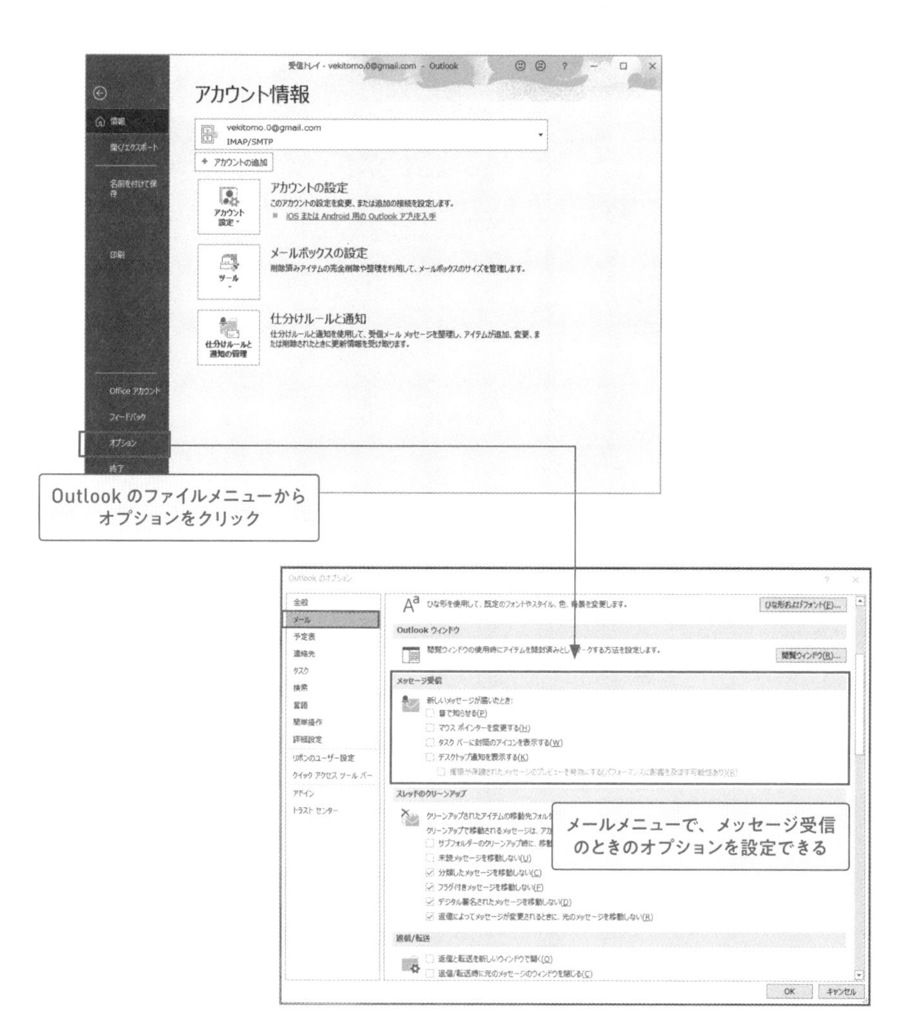

Gmailでは設定画面で「全般」タブに、デスクトップ通知のオプション設定があります。これを「メール通知OFF」にします。

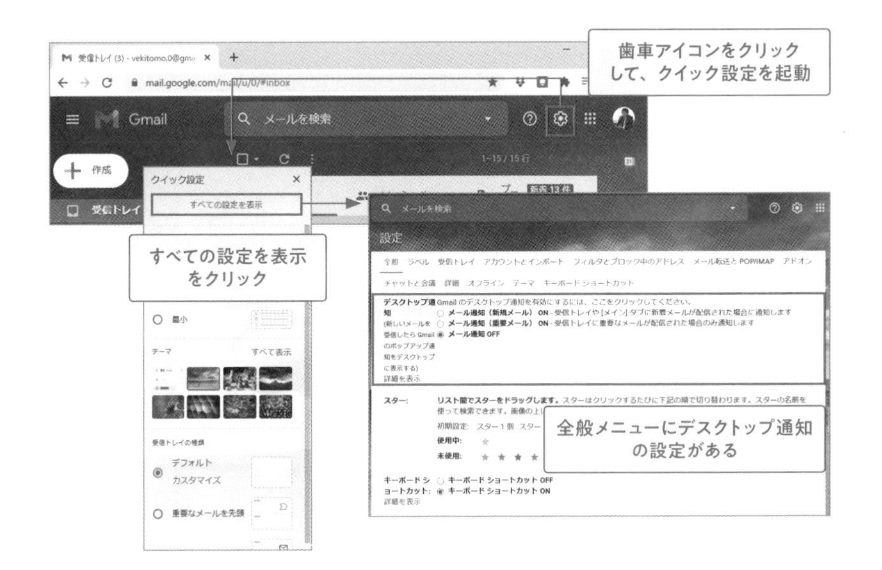

なお、メールの受信通知をオフにしていても、やはりメールが気になって仕事に集中できないという人は、特に「報告やプレゼンまでのあと1時間で資料を作らないといけない」ようなときには、メールソフトごとシャットダウンしましょう。元から断ってしまえば見ることはありません。

POINT.7

メールの受信トレイでToDo管理をする

ToDo管理は、ビジネスパーソンの最も大切なテーマの1つです。「やるべきことを忘れてしまった」ことは誰しも経験があると思います。そして「2度と忘れないようにしよう」と決意して、付箋紙にToDoを書いてノートやパソコンに貼ったり、手帳にToDoを書いたり、ToDo管理を試行錯誤するわけです。

メールが最大のコミュニケーション手段となっている今、メールで仕事や会議の依頼が来ることが多くあります。たとえ口頭や電話で作業依頼をしていても、「念の為メールも送っておきます」ということになりがちです。

このようにメールで来る作業依頼や指示も含めて、それらすべてを付箋紙や手帳でToDo管理するのはとても非効率です。メール経由で発生するToDoを付箋紙や手帳に「書き写す」という手間が発生し、非常に時間がもったいないからです。

メールで発生したToDoは、メールソフトの中でToDoを管理するのが、時短のコツです。

☑ 自分で自分にメールを送る

では、どのようにしてメールでToDo管理をするのか。ここで受信トレイを使います。

受信トレイには、受信したメールがすべて入ってきます。それらのメールを読み、返信などをして、それ以上の対応が不要なメールは「Mail Archive」のフォルダに移動させることはすでに述べました。

そうすると、受信トレイに残るメールは、何かしらのアクションが必要なメールだけになります。対応が終わらない限りは「Mail Archive」に移動されず、ずっと受信トレイに残ったままです。こうしておくと、受信トレイにメールがある限り、絶対に対応することを忘れることはありません。

私はこのテクニックを、自分が思いついたToDo管理にも派生的に活用しています。自分でふと思いついた自分用のToDoが発生したときに、自分宛てにその内容をメールで送るのです。そうすると、対応が終わるまでは自分の受信トレイに残ったままなので、対応を忘れることがなくなります。

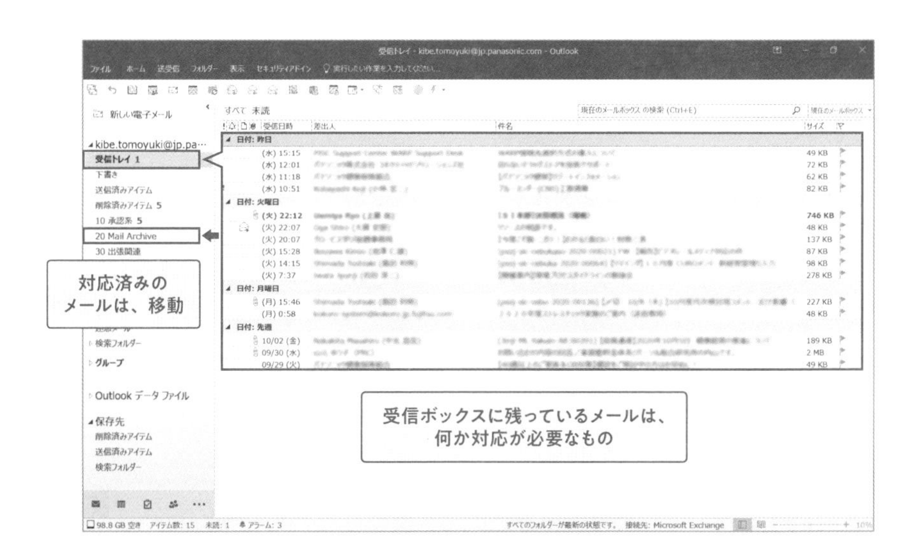

POINT.8

メールの文章は 最小限度で済ませる

To：
Subject：

株式会社　東洋
田中様、
いつもお世話になっております。南部会社の佐藤です。

～～　本文　～～

大変お手数をおかけいたしますが、どうぞよろしくお願いいたします。

このように、格式ばった挨拶からはじまり、丁寧にお願いをするメールをよく目にします。果たしてメールに、毎回ここまでの丁寧さは必要でしょうか？

もちろん必要かどうかはTPOで判断するべきです。TPOとは、Time（時間）、Place（場所）、Occasion（場面）の略語で、状況に応じて/合わせて、ケースバイケースといった意味です。

おそらく日々のメールのやりとりの中で、TPOを考慮するとここまでの丁寧さが必要になることは、ほとんどないと思います。つまり、ここまで書くことは時間のムダとなっている可能性が高いのです。

例えば、私はシステム開発の現場でお客様とオフィスをともにして仕事をする機会が多くありました。普段からオフィスの中で、親しく話をしているのに、メールになると上記のようにカタい文章になる人がいました。ですが、そのような場合は、そこまで丁寧なメールは必要ないでしょう。普段から「田中さん」と呼んでいる人にメールでは「株式会社

東洋　田中様」と書くことは不要でしょう（もちろんメールは受け手があってのことなので、ケースバイケースではあります）。

社内は、もっとラフでいいでしょう。「XXさん」と名前を書かないこともありますし、何か了承を仰ぐようなメールに対する返信では、「OK」とだけ書いて返すこともあります。

また、私自身が仕事上で付き合いのあるパートナー会社から見て「客」の立場になることもありますが、適正な範囲内で簡潔にラフにメールを書くようにしています。そうしていると「木部さんがそのようなメールを書いてくれるので、こちらも構えたメールを書かなくていいので楽です」と言われることがよくあります。

私もよく社内で、回りくどいメールを見ることがあります。例えばこんな感じです。

To：
Subject：

石井部長
おつかれさまです。開発課の村田です。

先ほどはお忙しいところ会議に出席いただきましてありがとうございました。

先ほどの会議で要確認事項となっていた件につきまして、確認が取れましたので、
以下にご報告させていただきます。

〜〜〜〜
〜〜〜〜

以上、報告となりますが、
ご不明点ありましたらご連絡いただければ幸いです。

どうぞよろしくお願いいたします。

社内でお互いに面識のある間柄なので、次のようなメールくらいにシンプルにできるといいですね。

会社によっては「役職ある人にフランクなメールが書けない」環境もあるかもしれません。それこそ不毛の極みだと思います。とはいえ、イチ担当者が頑張って変えられる文化ではないと思うので、それはムダではなく社内的に必要な作業と割り切ってしまうしかないですね。

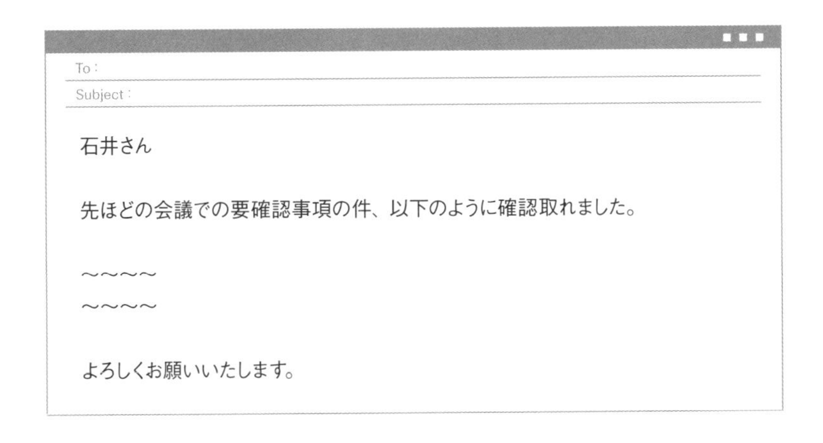

挨拶だけでなく、メール本文もムダなことは書かないようにしたいですね。書き手も時間がかかりますし、読み手にもムダなことを読むという無用な時間を使わせてしまうことになります。

ショートカットでいくら数秒を短縮しても、ムダなことを数行書いてしまうだけで、それがあっという間に相殺されてしまうことを肝に銘じましょう。

☑ 受け手がどうアクションすればいいかを簡潔に書く

何かを依頼しているのか、判断を仰いでいるのか、報告をしているだけなのか、それがわからないメールもよく見ます。ストレートに表現するのが良くないことだと思っているのか、回りくどく婉曲的表現になっていて、直感的にわかりにくいメールに、心当たりはありませんか。

たとえば作業を依頼しているメールなのに、「〜していただけると幸いです」と書いてあって、「やらなくてもいいのか？」と無駄な考えを巡らせてしまいます。また、そういったメールにはだいたい期限も書かれていないので、いつまでにやればいいのかもわからない。

メールで伝えたいことがわからなかったり、一意に伝わらなかったりすると、メールの趣旨を確認するために返信をすることになります。そうすると、少なくとももう一往復のメール作業が発生します。これは出し手にとっても受け手にとっても時間のロスです。メールのテクニックをいくら極めても、このようなメールを書いていては本末転倒です。

もちろん、わかりにくいメール、伝わらないメールを書いていると、自分自身に対する評価も下げてしまいます。相手が読みやすいメール、読むのに時間がかからないメールを書くのは、自分のためでもあるのです。

文章が苦手という人もいると思いますが、わかりやすいメールを書くポイントは、文章の最初に、報告なのか、依頼なのか、承認なのか、判断を求めるのか、など最初に読み手に期待するアクションを書いておくことです。そうすれば、読み手は最初からそのつもりでメールを読み始めるので、多少文章がうまく書けていなくても大体伝えることができます。

POINT.9

Gmail ユーザーは
ショートカット設定をしておく

Gmailはブラウザで使うことが多いので、そもそもショートカットが使えないと思っている人も多いようですが、それは誤解です。初期設定のままでは使えない設定になっているだけです。ここからは、ショートカットを使えるようにしておく設定方法を説明します。

設定の手順

Gmail画面の右上にある歯車のボタンを押してください。そうするとクイック設定が起動されるので、さらに「すべての設定を表示」ボタンをクリックします。

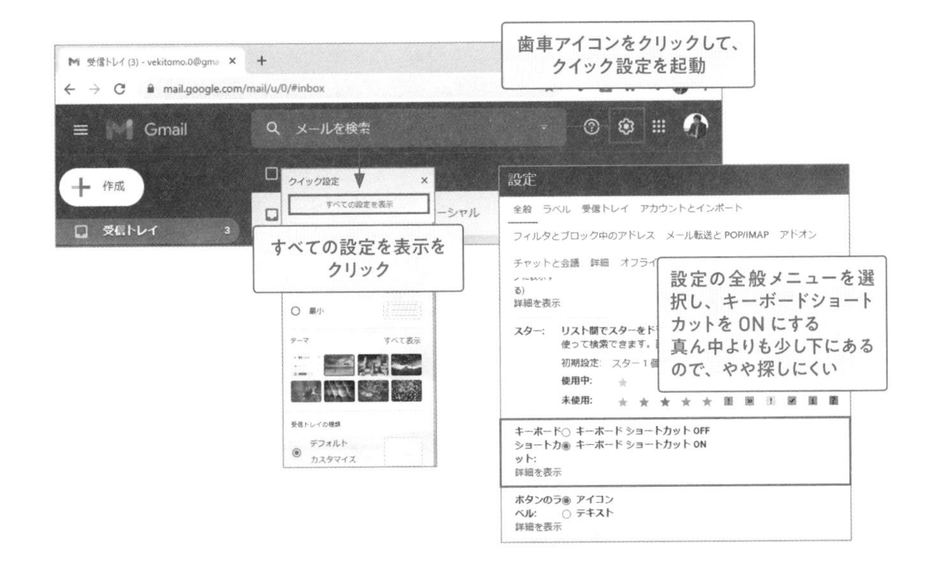

すると設定画面が出てきますので、そこで全般メニューを選択してください。メニューの真ん中からやや下あたりにキーボードショートカットOFF/ONの設定があります。初期設定ではOFFになっていますので、これをONにしましょう。

この設定画面のタブメニューの一番右側にキーボードショートカットというメニューがあり、選択するとショートカットの一覧が表示されるので、何の機能に何のショートカットが割り当たっているかを確認することができます。また、ここのキーボードを書き換えると、キーの割り当てを変えることができます。こだわりの設定がなければ初期設定のままでいいでしょう。「キーボードショートカット」のメニューが表示されていない場合は、設定が必要ですので、「詳細」メニューから「カスタムキーボードショートカット」を有効にしてください。

これでGmailでもショートカット機能が使えるようになります。

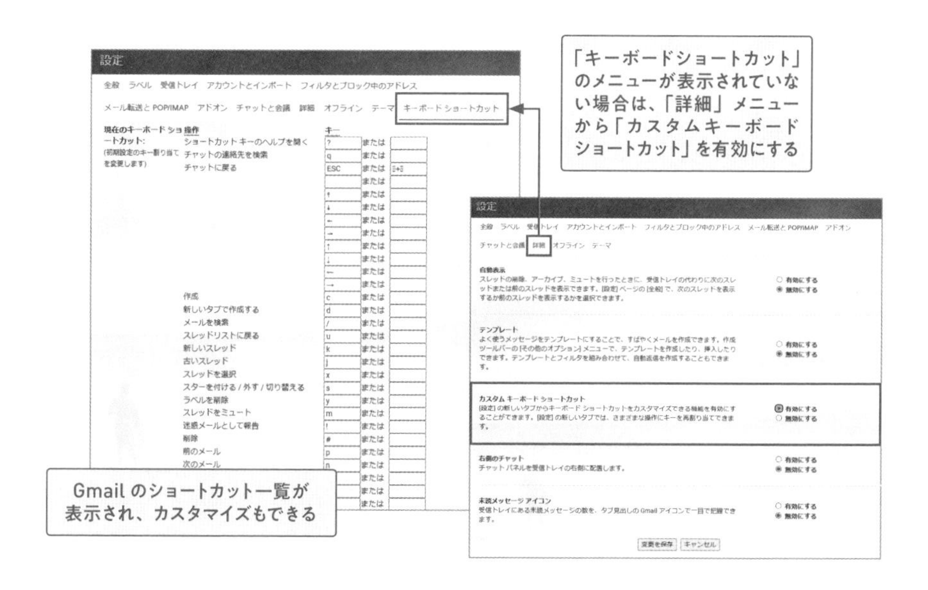

COLUMN

3000通のメールを3時間で処理した話

大炎上のシステム開発プロジェクトを担当していたときのことです。数百人のメンバーがいたので、私の元には毎日300～500通ほどのメールが舞い込んでいました。

普段はなんとか処理をしていましたが、夏休みを取って戻ってみると、なんと3000通ものメールが溜まっていました。休み明け初日の仕事は溜まったメールの処理になったわけですが、それに1日かけてもいられません。「昼までの3時間で処理する」と決めて着手しました。

まず、すべてのメールを開いて読んでいてはとても終わる量ではないので、「読まなくてもいいメール」「読まないといけないメール」を仕分けました。そのためのテクニックがソート（並べ替え）です。差出人、タイトル、日付などでソートして一気に処理をします。

例えば「読まなくてもいいメール」は、事務連絡や案内で、すでに対応も不要なものです。それらは差出人やメールタイトルで並べて一気に既読にしました。

また、メールタイトルで並び替えると、同じ内容のメールで何往復もやりとりされていることがあります。そのような場合は、最後のメールを開いて読めば、最初からの内容を時系列で確認することができます。往復している途中のメールは開かなくていいのです。

このように、読まなくてもいいメールを並び替えなどで見つけていくと、どんどんメールをさばいていけます。最後に保険として、関係するメンバーに「一応、ひと通りメール確認はしましたが、もし対応漏れや、緊急のものがあれば個別にお知らせください」とメールしておきました。

こうして、3000通のメールを3時間で一気に処理することができたのです。

CHAPTER

03

パソコンをより速く使いやすくする

チューニングとカスタム

INTRODUCTION

パソコンは仕事で毎日毎日使います。いわば一番の仕事道具です。

そんな大切な仕事道具なのに、自分が使いやすいベストな状態で使っている人はあまり多くありません。買ったときのまま、会社で貸与されたときのままの設定で使っている人が多いでしょう。

パソコンの設定を少し変更しておくだけで、毎日使う操作が効率的になり、無駄な時間をなくすことができます。本CHAPTERでは、「作業をマウスではなくショートカットで行うと時間短縮になる」といったテクニックではなく、パソコンの共通的な設定をしておくことで、作業全体のスピードアップにつながるテクニックを紹介します。

設定といっても、マニアックなCPUやメモリのチューニングを行うわけではありません。ソフトの起動やマウスの動き、ファイルの自動保存などといった簡単なメニューから設定変更できるものです。

しかもこれらは、1度設定をしておけば、その後は何も行う必要がありません。ずっとその効果を得られ続けるものです。設定の変更は面倒だと思うかもしれませんが、たった1度の作業です。そのたった1度の作業が後々ずっと効果をもたらすのなら、やらない手はありません。

ぜひ、このCHAPTERを読みながら設定変更をしてみましょう。そうすれば今後、本CHAPTERを読み直す必要はありません。

POINT.1

パソコン起動時によく使うソフトも一緒に起動させる

1日の仕事の初めに行うことはパソコンの起動です。電源を入れて、BIOSのパスワードやWindowsのパスワードを入力して起動させます。このWindowsの立ち上げのときに、自動的に起動させるソフトを指定しておくことができます。

ソフトは、最初に立ち上げるとき1番時間がかかります。その時間のかかるソフトの立ち上げを、朝のパソコンの起動タイミングで、まとめてやっておくのです。朝に1度立ち上げておけば、日中にソフトを使うとき立ち上げ時間のロスがなくなります。

例えばメール。朝イチにメールチェックをすると思いますが、Windowsの立ち上げと同時にメールソフトも自動的に立ち上げておきます。そうすると、Windowsやメールソフトの起動時間中に別のことをすることができます。そして、メールソフトは起動するとメールの送受信まで行うので、受信ボックスにメールを受信するところまで完了しています。

私が自動起動させているのは、Outlook、Excel、PowerPoint、Teams、Chromeです。これらは使わない日がないくらい、間違いなく使うソフトです。それらをまとめて起動すると少し時間がかかるので、その時間は自分の好きなことをしていればいいのです。コーヒーを飲んだり、机を整理したり、ロッカーから物を出したり、パソコンが仕事の準備をしている間にその他の準備に時間を使うことができます。

☑ 同時起動の設定方法

[Windows] + [R] を押してください。するとファイル名を指定し

て実行という画面が出てきます。ここに「shell:startup」と入力して[Enter]を押せばスタートアップのソフトを登録するフォルダが出てきます。

このフォルダに、Windows起動時に自動で起動させたいソフトのショートカットを置くだけでOKです。Windowsが起動するときに登録したソフトも順次起動していきます。

ここまでを自動で立ち上がるようにしておけば、あとはすぐに仕事に取り掛かることができます。

POINT.2

タスクバーをカスタマイズしてみる

ソフトを起動するときは、デスクトップに置いてあるショートカットをダブルクリックしたり、Windowsメニューから選んで起動したりしますが、これでは少し手間がかかります。

画面の下にタスクバーというものがあります。よく使うソフトはこのタスクバーに登録しておきましょう。そうすれば、面倒なひと手間がいらずに、画面の左下をクリックすれば起動させることができます。

このタスクバーには、メール、ブラウザ、Excelなど、自分がよく使うものを登録しておきます。登録することを「ピン留め」と呼び、簡単な操作でピン留めをすることができます。

☑「ピン留め」の手順

例えば、Excelをピン留めするときは、[Windows] キーを押してWindowsメニューを表示させて、そこに出てくるExcelのアイコンの上で右クリックを押します。そうすると、メニューが出てきて、「その他」を押せば「タスクバーにピン留めする」と出てきます。それをクリックすれば画面下のタスクバーにアイコンが登録されます。

もう1つの登録方法として、Excelを起動しているときにタスクバーに表示されているExcelのアイコン上で右クリックを押す方法があります。右クリックを押すと「タスクバーにピン留めする」というメニューが出てくるので、実行します。

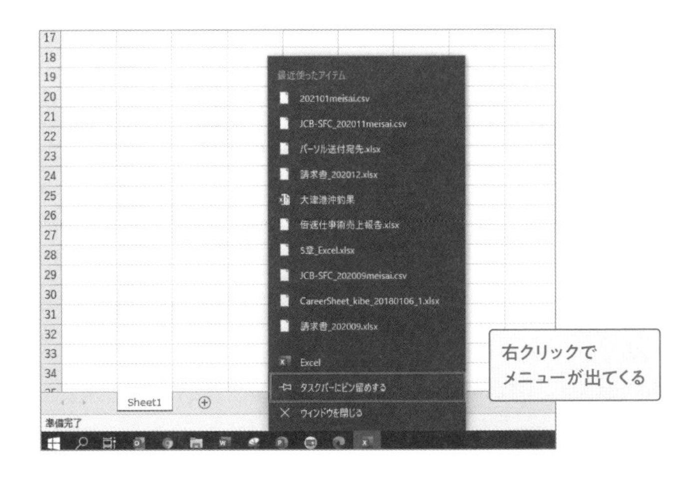

普段よく使うソフトをタスクバーに置いておけば、すぐにクリックして起動させることができます。自分のよく使うソフトを登録しておきましょう。

私は、会社用のパソコンと個人用のパソコンがあり、それぞれ用途やよく使うソフトが違うので、タスクバーにピン留めしているソフトもそれぞれ違うものを登録しています。

また、タスクバーにピン留めしたソフトには起動のショートカットが割り当てられています。左から1、2、3……と番号が振られていて、[Ctrl]＋[Windows]＋[番号]でそのソフトを起動させることができます。

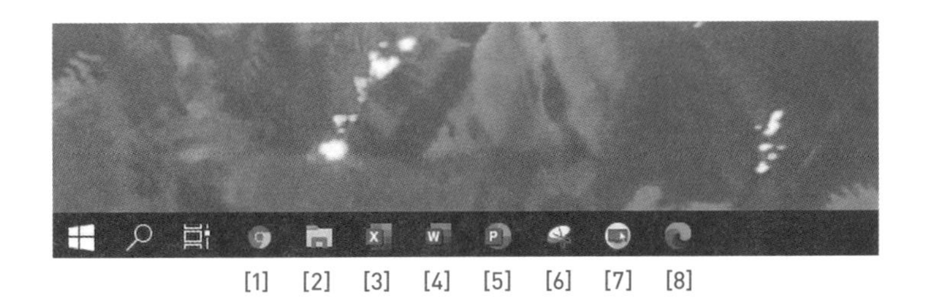

[Ctrl] + [Windows] + [番号] で起動できる

POINT.3

マウスのスピードを最速設定にしておく

もしあなたがマウスのスピードを初期設定のまま使っているとしたら、それはとても遅い速度になっています。遅いと感じていないかもしれませんが、1度速度を速くすると「あ、遅かったんだ」と感じることでしょう。高速道路を時速100 kmで走って、時速60 kmの一般道に戻ったときの感覚と同じです。

マウスは1日に何回も何回も使うものです。そのスピードを速くしておけば、おのずと全体的にパソコン作業が速くなります。

速度を速くした直後は、マウスが暴れまくってうまく使えませんが、1時間も使っていればすぐに慣れるので大丈夫です。

☑ カーソルスピードを上げる

マウスで速度調整をするものは2つあります。マウスカーソルの動きとスクロールの動きです。

まずはマウスカーソルの動きを速くしていきましょう。

次の図のように、Windowsの設定からデバイスを選択し、マウスを選択した画面で「その他のマウスオプション」をクリックします。

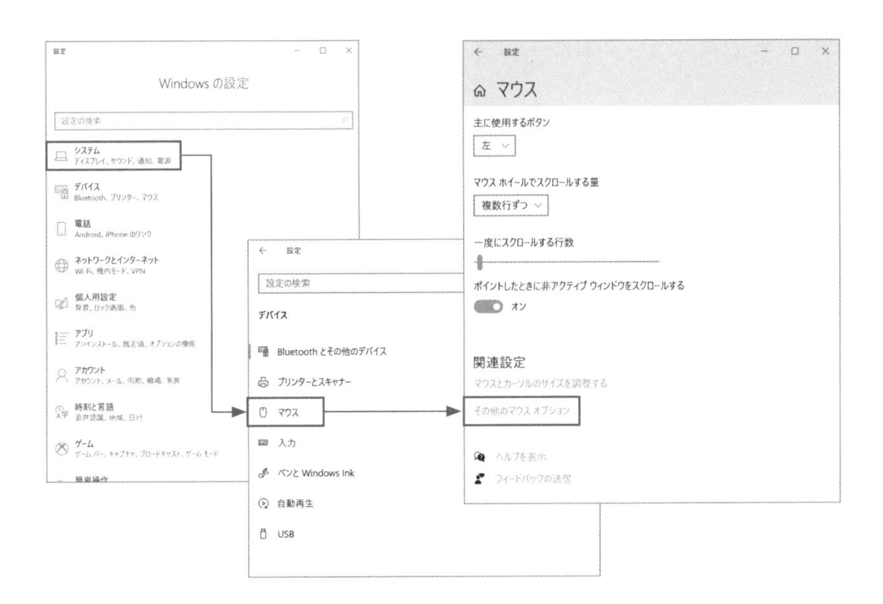

そうすると、マウスのプロパティ画面が出てくるので、「ポインターオプション」のタブを開き、その画面で「速度」を調整します。初期設定だと真ん中あたりに設定されていますが、これを右側にスライドして速くします。私は1番速い設定にしています。

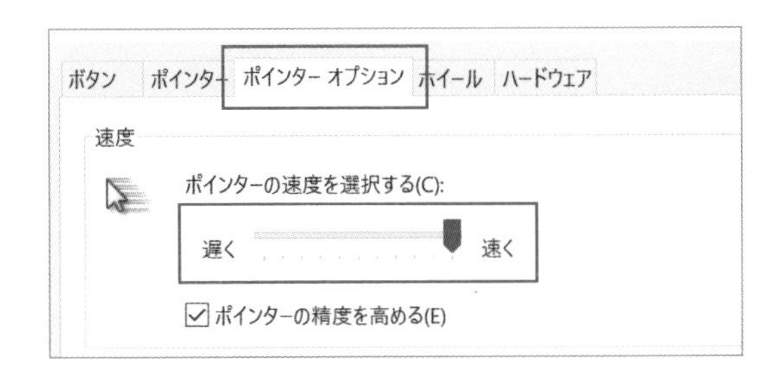

これで画面の上下左右にマウスを高速で移動させることができるようになり、作業スピードが格段に上がります。

☑ スクロールスピードを上げる

もう1つ、スクロールスピードも設定を変更します。これはブラウザ、Word、Excelなど縦に長い画面を縦にスクロールする速さです。

「ホイール」タブを開くと、ホイールのスクロール量を調整することができます。初期設定だと3行になっていますが、これを5〜7行程度に変更します。私は5行にしています。10行までしてしまうと、スクロールが速すぎて画面の情報を目で追いきれなくなってしまいます。「3行から5行への、たかだか2行差だろう」と思うかもしれませんが、実質は1.7倍のスピードアップになるのです。

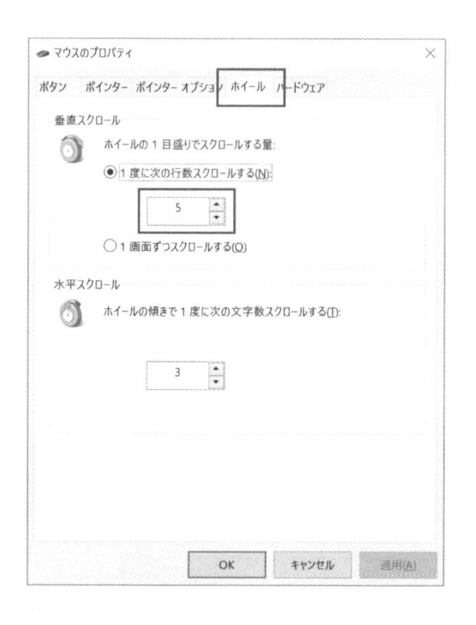

ここでは、Windowsの設定機能から変更をする方法を紹介しましたが、マウスに付属しているソフトから設定変更できるものもあります。どちらからでも構わないので、自分の好みの方で設定変更をしておきましょう。

POINT.4

不測の事態を防いで時間ロスをなくす自動保存の設定

資料作成をしていて、突如ソフトが落ちてしまったり、ファイルを閉じるときに思わず「保存しない」をクリックしてしまい、せっかくの作業が水の泡になることがあります。[Ctrl] + [S] の保存のショートカットが身についていながらも、私も何度もやらかしたことがあります。本書の執筆中にも2度ほどありました。その時間の作業が吹き飛んでしまうのはムダの極みです。保存さえしておけばそんなことにはならなかったのにと思いますが、ヒューマンエラーはどうやってもゼロにはなりません。特に作業に集中しているときはつい保存を忘れがちです。突如、パソコンやソフトが落ちてしまうこともあります。

そのような事態に陥ることを前提に、ダメージコントロールの手を打っておく必要があります。被害を最小限度に抑え、速やかに回復するために、Word、Excel、PowerPointなどについている「自動保存」の機能を最大限活用するのです。これは、自分でファイルを保存していなくても、ソフトが定期的にファイルを保存してくれる機能です。この機能を設定しておけば、せっかくの作業が水の泡、ということが少なくなります。

実はこの機能、初期設定のままでも有効となっています。ですが、それを知らないと、せっかく自動保存がされていても回復させることができません。また、初期設定だと自動保存の時間間隔が少し長いので、より被害を少なくするには時間間隔を短くしておくといいでしょう。

☑ 自動保存機能の使い方と設定変更

Wordを例に説明します。「ファイル」をクリックすると次のようなメニューが出てくるので、「オプション」をクリックしてください。

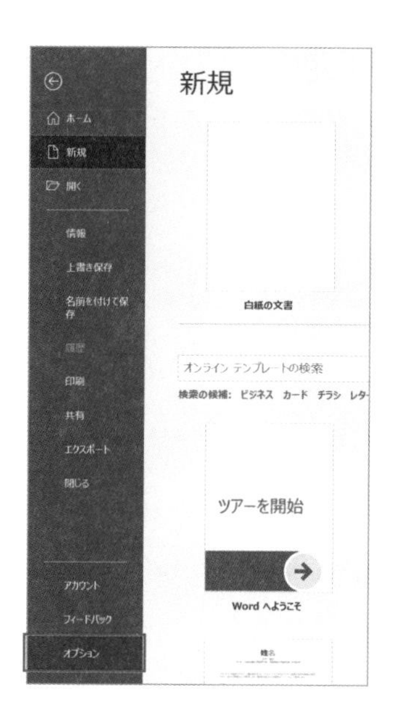

するとポップアップでオプション画面が出て、「保存」を選択すると下の画面となります。この上の方に自動保存の設定メニューがあります。

初期設定だと保存の間隔が10分になっています。集中して作業をしていると、10分ではかなりの量の更新をすることがあります。自動保存で救済ができるとしても10分の作業がまるまる失われるとショックが大きいので、間隔を短くしましょう。私は3分に設定しています。

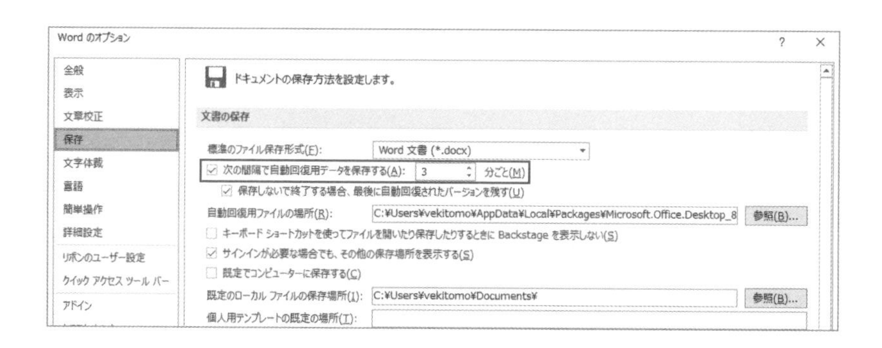

☑ 意外と知らない人も多い回復機能

次は、突然Wordが落ちたり、思わず保存せずにWordを終了してしまったりしたときの回復方法です。救済方法は、1度も保存したことがないファイルか、保存したことがあるファイルかで異なります。

1度も保存したことがないファイルの場合は、メニューからファイルを選択すると出てくるサブメニューから情報を選択します。すると「文書の管理」というメニューアイコンが出てくるので、それをクリックすると「保存されていない文書の回復」という表示が出てきます。それをクリックすれば保存されているフォルダが表示されます。

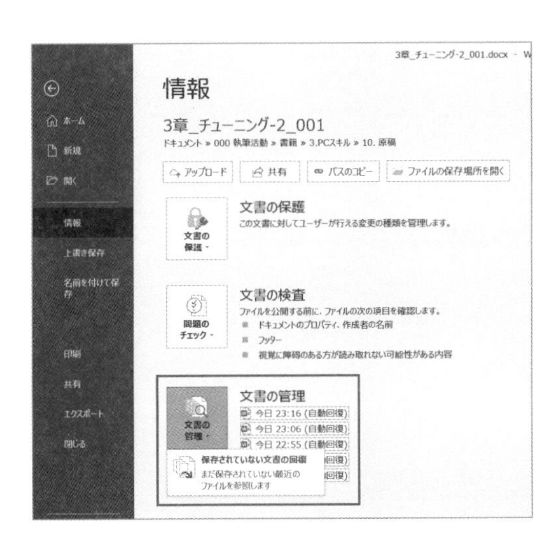

保存したことがあるファイルの場合は、「文書の管理」というメニューの下に自動保存されたバージョンが表示されますので、回復したい時間のバージョンをクリックすれば回復することができます。

ファイルの自動保存は初期設定で有効となっているので、不測の事態のときにも慌てず、自動保存されているファイルを発見しましょう。

POINT.5

モバイル環境では必須となるバッテリーマネジメントの技

ノートパソコンを使っている人は、バッテリーが切れてしまうと、それ以上何もできなくなり、そこで業務終了となってしまいます。1日中会議で会議室を転々としたり、急遽お客様先へ出張となったり、ちょっと遠方への出張となったときに切れてしまわないために、ノートパソコンのバッテリーは無駄に使わないような節約設定にしておきましょう。

最近は、バッテリーでの稼働時間も長くなってきていますし、新幹線や飛行機などでも電源が備わっていることもあります。とはいえ、出張先のローカル線やバスなどでバッテリーがなくなったり、お客様の会議室で座った場所に電源がなかったり、ということもありますので、ノートパソコンのバッテリーは浪費がないようにしておいた方がいいです。

☑ バッテリーの節約設定

Windowsの設定から「システム」→「電源とスリープ」を選択します。

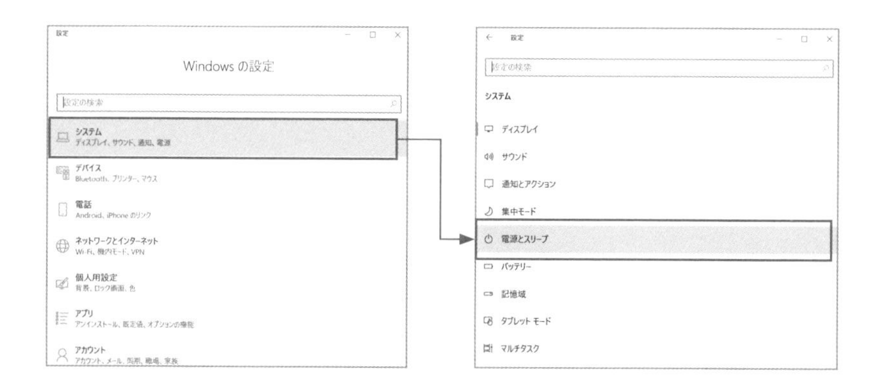

すると、次の画面が出てきますので、枠内の設定を変更しましょう。これらはバッテリー駆動時の設定で、電源につないでいない状態でしばらく使っていないと、5分でディスプレイの電源を切る、10分でスリープ状態になる、という設定です。

パソコンでは、ディスプレイの表示にかなりのバッテリーを使いますので、使わない時間が続いたときには早めにディスプレイをオフにして、さらにそのあとにスリープ状態にしておくといいです。

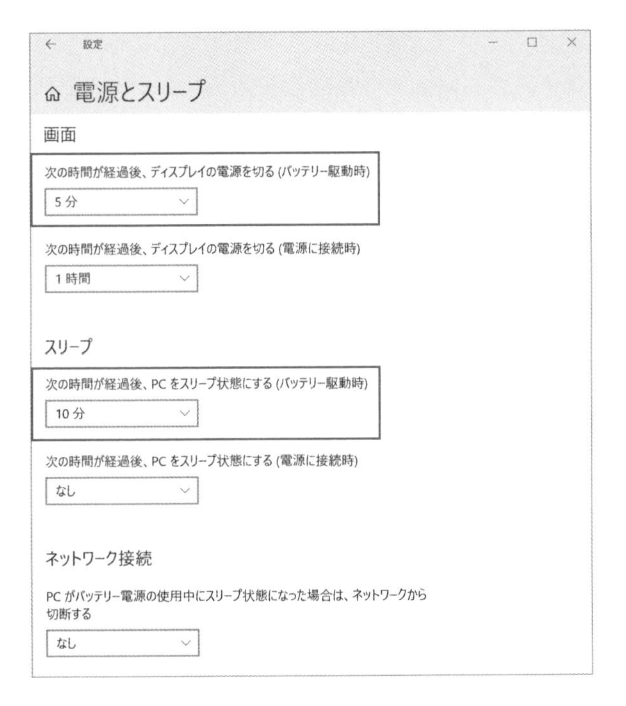

POINT.6

外部機器はBluetoothタイプが便利

マウスやキーボードなど、パソコンの外部機器はたくさんあります。そして、接続方式には有線と無線があり、無線の方が断然便利ですが、その無線でもさらにBluetooth接続がおすすめです。

USBの無線タイプもありますが、そのタイプだと機器ごとにUSBを挿すことになり、すぐにUSBの口が埋まってしまいます。その点、Bluetoothはそんな心配はありません。

☑ リモート時代にも最適

最近では、リモートワークも盛んになってきているので、リモート会議用のヘッドセットを使ったりペンタブレットを使ったりする人も増えてきています。これまで以上に外部機器を使うことが増えてきているので、尚更Bluetoothタイプが便利です。

また、Bluetoothタイプにしておけば、スマホやタブレットでも使うことができるので、それも大きなメリットです。

普段はパソコンでヘッドセットを使って会議に出ていても、ちょっとした移動中のオンライン会議でスマホやタブレットで参加することもあるので、1つのヘッドセットでパソコンでもスマホでも接続できるBluetoothタイプの方が便利です。

マウスもキーボードも、最近のiPadでは使えるようになっている(iOS 10以上)ので、ちょっとした作業やメール処理をマウス、キーボードを使って済ませることもできます。

また、最近のBluetoothのマウスやキーボードなどは、ボタン1つでパソコンやタブレットなどの端末の切り替えができます。それも便利です。
　私は、マウス、キーボード、片耳ヘッドセット、両耳ヘッドセット、スピーカーホン、イヤホン、出張用スピーカー、腕時計、ペンタブレットなどでBluetooth機器を使っています。

COLUMN

リモートワークで生産性をあげる工夫

2020年はいろいろなことが大きく変わった年でした。特に仕事環境では、リモートワークが増えました。たとえ新型コロナが収束しても、このリモートワークはある程度残ると思いますし、むしろこれが働き方の主流になるかもしれません。

リモートワークは、メリットもある一方で、不便なことややりづらいこともあります。例えばリアルと比べて、次のようなことが不便だと感じています。

- 対面でないため、相手の様子やリアクションが捉えにくい
- ネットワーク越しの音声が前提となるので環境が大切
- オンライン会議の画面にパソコンが占領され、並行作業が難しい
- ホワイトボードを使ったディスカッションができない

これらを解消すると、リモート会議でのストレスや不便さが少なくなり、リモートワークの生産性が格段に上がります。そのための私の工夫をご紹介しましょう。

まず、できるだけカメラはオンにして会議をしましょう。最初は少し恥ずかしさがありますが、やはりお互いの顔を見ながら話をした方がいいと思います。そして、オンライン会議の一番のポイントは音声です。会議での声を聞き、自分の声を届ける、そのためのアイテムが重要になります。

私は、片耳ヘッドセット→両耳ヘッドセット→スピーカーフォンという変遷を経て、今は主にスピーカーフォンを使っています。オンライン会議が続くと、ヘッドセットから耳のすぐそばで1日中音が出ている

ことになり、かなり疲れてしまいました。スピーカーフォンを使うようになってから、今はかなり快適です。

また、ヘッドセットを使う時はずっとBluetooth接続で使っています。ヘッドセットを有線接続しているとパソコンから離れて会議をすることができません。Bluetoothであれば、会議をしながら部屋の中を少し歩いて考えたり、体の自由度が得られます。この差は大きいと思います。自宅の部屋で座りっぱなしで会議をしていると疲れるので、少し部屋の中を歩きながら会議に参加することもできますし、コーヒーを入れながら会議の内容を聞くこともできます。

スマホのアプリでもオンライン会議に参加できるので、Bluetooth接続のヘッドセットを持っていれば、移動中にスマホから会議に参加できるメリットもあります。

次は、パソコン画面です。これまでの対面での会議では、発表者のパソコンをディスプレイにつないでそれを見ながら会議をしていたので、自分のパソコン画面では、メールチェックや資料確認など、いくつかの仕事を並行して進めることができました。私が、リモートワークの初期に著しく生産性が下がったと思ったのがこの環境です。ノートパソコンでオンライン会議に参加すると、その画面でパソコン画面のすべてが占領されてしまいます。だから、オンライン会議中にメールチェックをすることができなくなったのです。

それを解消するために外付けのディスプレイを用意しました。ノートパソコンではメールチェックをし、ディスプレイではオンライン会議の画面を映すことで複数の仕事を並行して進めることができるようになりました。

CHAPTER

04

瞬時に見つける!

ファイル & フォルダ管理術

INTRODUCTION

パソコンのフォルダ体系をどのように設計するかで、パソコン作業の生産性は大きく変わります。

「あのファイル、どこに置いたっけ？」と、昔の資料を探すのに時間がかかったり、作成したファイルを「このファイルはどのフォルダに置いておこうか。AかBか微妙だな」と迷ったり。迷ったあげく、後で探すときにもどこのフォルダに置いたかを思い出せず探すのに時間がかかったり。フォルダ体系の設計に失敗すると、何かと無駄な時間がかかってしまいます。

ファイル名のルールも同様です。例えばPowerPointでプレゼン資料を作っていて、ファイル名の付け方をルール化しておらず、過去のバージョンのファイルに上書き保存をしてしまい、過去の内容を戻すことができなくなってしまうこともあります。また、複数人で資料作成をするときにファイル名を適切に付けなかったことから、どれが最新で、何と何をマージすればいいかがわからなくなったり、みんなが同じファイル名で作成したので、いちいちファイル名を変えないといけなかったり、そうした経験をしたこともあるでしょう。

本CHAPTERでは、パソコン作業におけるファイルやフォルダの、時間をロスしないための管理テクニックについて紹介します。

POINT.1

フォルダは細かく分けずに、期間でザックリ分ける

結論から言うと、フォルダ管理を細かく設定すると仕事が遅くなります。ざっくりと決めておけば必要十分に管理できます。

かくいう私自身、昔は細かくフォルダ分けをしていました。プロジェクトごとにフォルダを分けて、さらにその中でもプロジェクトフェーズやチームごとに分けたり、目的ごとに分けていました。加えて、フォルダ名の最初の4文字は数字の連番として、きちんとフォルダが並ぶようにしていました。

今から思うと、はっきり言って自己満足でした。いかにきれいにフォルダ分けをするかということに満足をしていたのだと思います。

でも結局は、ファイルを保存するときに「このファイルはどのフォルダだろう」と迷ったり、どこかに保存した過去のファイルを探せなかったり、「このファイルを置くフォルダがないから"その他"のフォルダを作って、とりあえずそこに置いておこう」といったことがしょっちゅうありました。また、Aのフォルダにファイルを入れようとして、ドラッグ&ドロップでミスしてしまい、Bのフォルダに気づかずに入れてしまったということもよくありました。

そして、保存した後がさらに大変でした。結局、すべてのファイルをどこに保存したかなんて覚えていないので、微妙な区分けのファイルをどのフォルダに置いたかがわからず、すぐに探し出せないこともしばしば。移動にミスったファイルはもちろん見つけられません。また、フォルダを細かく分けていたので、いちいちフォルダを開いて探すのにとても時間がかかりました。

☑ 私のフォルダ管理のルール

そのようにムダな時間をたくさんしてきた経験から、工夫を繰り返してたどり着いたフォルダ管理は、「ざっくり」と管理する方法です。プロジェクトごとや業務ごとなどに細かくフォルダ分けをせず、期間でフォルダ分けをしています。

まず年ごとのフォルダを作り、その下にいくつかフォルダを作ります。業務関連は上期（1H）・下期（2H）でフォルダを作り、その下はYYYYMMDD_XXXXXXというフォルダ名にしています。そうするといつ、何の用件で作ったものなのかがわかります。自分の中の時間軸の記憶と業務内容の記憶の２つのキーワードで探せるので、探すのが簡単です。

このフォルダの中に、参考資料など関連するものも一緒に入れておきます。そうすることで関連資料もすぐに再確認＆流用ができます。

もちろん、すべてのファイルをそのように管理すると本当にごった煮になってしまうので、「組織マネジメント関連」「人事関連」「プロジェクト関連」というように、大きなフォルダ分けはしています。そして、その配下のフォルダ構成を上記のように行っています。

このように管理し始めてからは、ファイルの仕分けに時間がかからなくなり、ファイルを探すのにも時間がかからなくなりました。

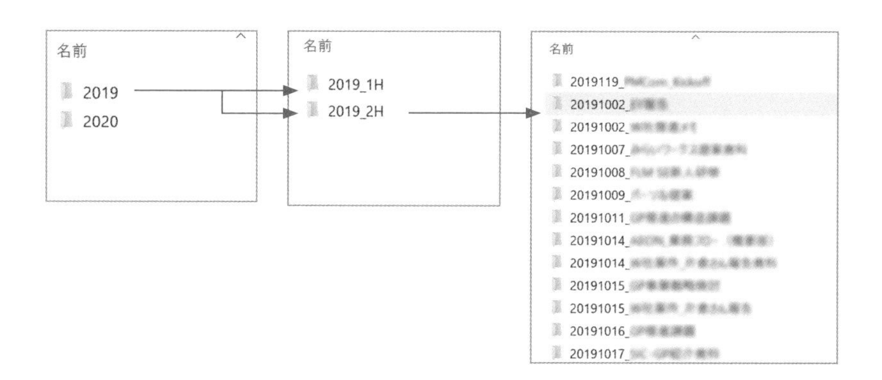

POINT.2

デスクトップを一瞬できれいに見せる「バケツ」フォルダ活用術

デスクトップにたくさんのフォルダやファイル、ショートカットを置いている人を見かけます。確かに、デスクトップにそれらがあると便利です。必要なものすべてがそこに転がっているのですから。

でも、それはやめておいた方がいいです。便利かどうかはさておき、デスクトップが汚いと自分の評価を下げてしまうことになるからです。

☑ パソコンの画面は「あなたの部屋」

例えば、プレゼンや打ち合わせで自分のパソコンをディスプレイ画面につないで映したり、リモートワークをしているときに画面共有をしたりすることがあります。そのときに自分のデスクトップを見られてしまいます。そのデスクトップが汚いと、見た人は「あぁ、汚いなぁ」と思ってしまいます。そのようなデスクトップを見られてポジティブに思われることはありません。

自分の家に人を招くときには、部屋を片付けてきれいにするのと同じです。パソコンの中で1番他人の目に触れるのはデスクトップです。常にきれいにしておきましょう。

☑ 部屋をきれいにするバケツを置いておく

デスクトップには、どうしても暫定的にファイルを置いておきたくなります。私もいつもそんな衝動に駆られます。そんなときのための、デスクトップを一瞬できれいにするテクニックがあります。

1つは、「バケツ」フォルダを作っておくことです。デスクトップにファイルを多く置いている人は、作成中のファイルを置いていたり、メールに添付されていたファイルを置いていたりします。どこかにきちんと格納するのが面倒くさい系のファイルです。面倒くさいので、手っ取り早くおけるデスクトップに置いてしまうのです。

そこで、なんでもかんでもぶち込んでおける「バケツ」フォルダを作り、デスクトップに置くかわりにその「バケツ」フォルダにファイルを置いておきましょう。そこに置いておけば、100個あろうがデスクトップはきれいなままの状態です。私は仮に置いておくという意味でTemporaryの略の「Temp」という名前のフォルダを作っていますが、「ごった煮」というフォルダ名にしていた人もいて、「なるほど」と思いました。

もう1つは、「ショートカット」を格納するためのフォルダを作ることです。さきほどのファイルと同じように、よく使うフォルダやファイルのショートカット、プロジェクトや組織で使っているファイルサーバーのショートカットなどをデスクトップに置いてあることもあります。

これも同様にショートカットを格納する用のフォルダを作ってそこに入れておきましょう。私は「Shortcuts」というフォルダを作っています。

このようにしておくことで、デスクトップに表示されるアイコンが少なくなります。不意にデスクトップを見られたとしても全く問題ありません。

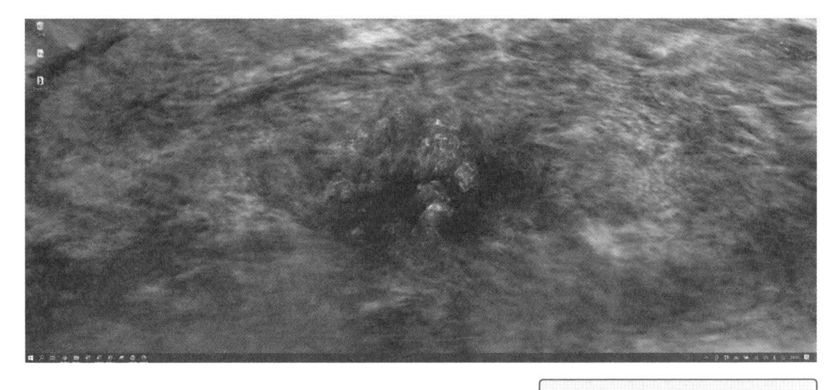

デスクトップはきれいにしておこう

POINT.3

ファイルの名称は「内容」+「バージョン」で統一

ファイルの名前をつけるときに、「どんなファイル名にするといいのだろう」と悩むことがあります。ファイル名をつけるときに必要なことは、次の2つです。

・ファイルの内容がわかる
・ファイルのバージョンがわかる

☑ 5W1Hで内容を記す

まず、中身を知るために、その内容を端的に書いておく必要があります。「市場調査.ppt」といったファイル名だと抽象的すぎて何の市場調査かわからないので、「ハンディディスプレイ_市場調査.ppt」など、必ず一目で内容がわかるようにファイル名をつけておきます。

このとき、そのファイル内容を示すのに必要な5W1Hをピックアップすればわかりやすくなります。

☑ 3桁のバージョン管理番号を入れる

ファイルのバージョン管理はとても重要で、あとあと見たときに、どれが最新のファイルなのかがわかることが大切です。ファイル名でバージョン管理をしていないと、上書き保存の連続で、ちょっと前のバージョンのファイルに戻ることができなくなることも起こりえます。また、どれが最新かわからないから、手当たり次第ファイルを開いて確認する、とか、前の更新バージョンを保存していなかったために、更新前に戻すためにまた書き直すなど、いざというときの時間のロスが半端ありません。

このような時間は極力ゼロにしたいですね。ファイルバージョンを管理する命名ルールには、いくつかパターンがあります。

よくあるのが「連番」「日付」「日付＋連番」「更新者」などを使った右図のようなパターンです。絶対的にどれがいい、というのはありません。ファイルの更新頻度や目的によってメリットが変わります。

連番で更新するケースは、少し長期的にファイルを更新するときに使うことが多いです。また、001、002、003のように3桁にしておくのがいいでしょう。1桁では足りないですし、2桁ではほとんどの場合足りますが、「もしかしたら足りなくなるかも」と心配をするくらいなら最初から3桁にして、バージョン999まで対応できるようにしておけばよいでしょう。桁数で悩む時間を排除してしまうのです。

いつのファイルであるかの情報が重要なケースや、毎日更新するファイルのときには、日付も入れておきます。さらに1日の中でもかなりの更新を行い、その時系列を管理したい場合は「a、b、c」などで連番管理します。「001、002」でもいいのですが、ファイル名が長くなってしまうので、アルファベット1文字がおすすめです。アルファベットで26バージョンまで管理できるので1日という時間軸では十分でしょう。

また、1つのファイルを何人かに配って、それぞれレビューをしてもらったり、更新をしてもらったりすることがあります。そのときには、最後に「_更新者名」を書くようなルールにしましょう。そうすると、001バージョンに対して誰が更新したファイルなのかがわかりやすくなります。

最後に補足の注意点があります。それは、ファイル名の先頭にバージョン管理の情報を入れてしまうことです。これをするとフォルダの中での表示順がバラバラになってしまい、ファイルを探すことが難しくなるのでやめておきましょう。

ハンディディスプレイ_市場調査.ppt	ファイルのバージョン管理ができない
ハンディディスプレイ_市場調査_001.ppt	連番でファイルバージョンを管理
ハンディディスプレイ_市場調査_20210131.ppt	日付でファイルバージョンを管理
ハンディディスプレイ_市場調査_20210131_a.ppt	日付+連番（アルファベット）で管理
ハンディディスプレイ_市場調査_001_tanaka.ppt	同じバージョンに複数人が 別々に更新するケース
【山田更新】ハンディディスプレイ_市場調査_001.ppt	ファイル名の先頭を変えてしまうと、 並び順がずれる

POINT.4

フォルダの中を見やすくする表示設定

フォルダを開いたときに表示されるファイルの表示は、初期設定のままだと大きなアイコンで表示されています。これでは数が多くなるとすぐに見にくくなってしまい、またファイルの属性情報やサイズなどを見ることができずかなり不便です。

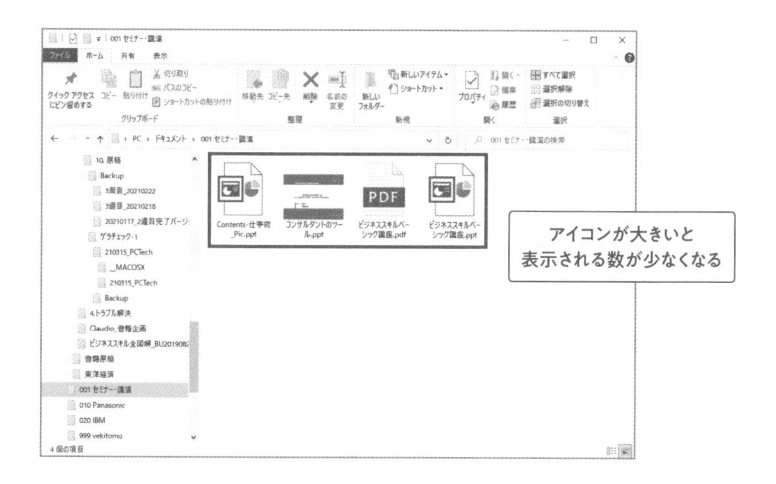

仕事で使うときには「詳細表示」が便利なので、ファイルの表示設定を変更しておきましょう。

図のような設定になっている場合は、「表示タブ」をクリックすると出てくる「表示オプション」を選択、「詳細」をクリックしてください。これは右クリックからのメニューでも実行できます。

表示メニューから変更する方法

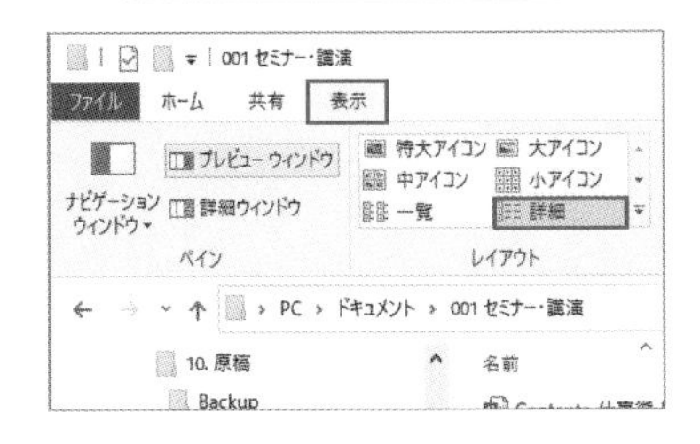

右クリックメニューから変更する方法

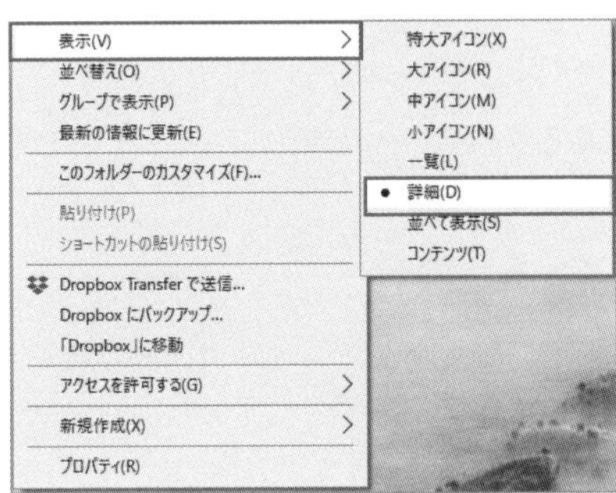

すると下図のような表示となります。これがファイルの「詳細表示」モードです。ファイル名称だけでなく、更新日時やファイルのサイズまでもが表示されますので、ファイルを探すときに便利になります。

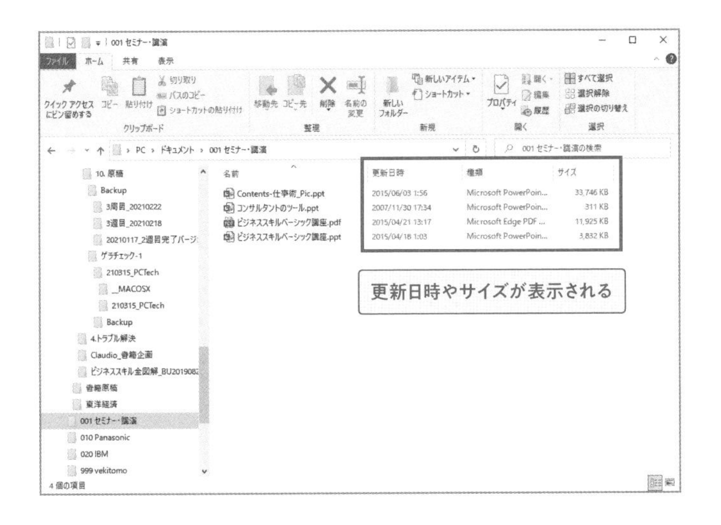

また、このフォルダの表示設定はフォルダごとに実行する必要はありません。1つのフォルダで設定作業を行えば、その同じ設定を他の全フォ

ルダに反映することができます。

「フォルダーオプション」の表示タブに他の「フォルダーに適用」ボタンがあるので、それをクリックすれば同じ種類のフォルダーに設定が適用されます。

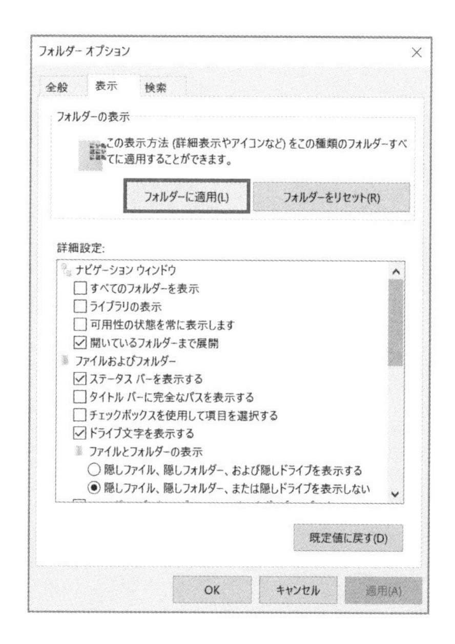

POINT.5

ファイルやフォルダもマウスではなくキーボードで操作する

キーボードだけでフォルダを開いたり、ファイルを実行したり、ファイルの名前を変えたりできるようになると、マウスを使ってそれらを実行するよりも大きな時間削減になります。パソコン作業で毎日何度も何度も行う作業ですので、このテクニックは身につけておきましょう。

☑ エクスプローラーやフォルダの表示のショートカット

エクスプローラーの新規表示は[Windows]＋[E]で行いましょう。Explorer の E と覚えておきます。

また、フォルダ内ではキーボードの[矢印]キーで移動ができます。さらに[Alt]＋[矢印]キーでフォルダ間の移動をすることができます。

- [Alt]＋[↑]で、1つ上のフォルダに移動
- [Alt]＋[←]で、1つ前に表示していたフォルダに移動
- [Alt]＋[→]で、移動元のフォルダに移動

［Alt］＋［←］と［Alt］＋［→］はブラウザでも使えるショートカットなので、覚えてしまうと活躍の場が増えます。

また、フォルダ内のファイルも［矢印］キーで選択するファイルを移動できます。フォルダの中を見たいときは［Enter］を押しましょう。元のフォルダに戻るときは［Alt］＋［←］で戻ることができます。

☑ 新規でフォルダを作成 & 名称変更するショートカット

新しいフォルダを作成するときは、［Ctrl］＋［Shift］＋［N］（New）で作成できます。ただし、すでにマウスを手に握っているなら、作成したい場所で［右クリック］→［X］→［F］でも新規フォルダが作成されます。

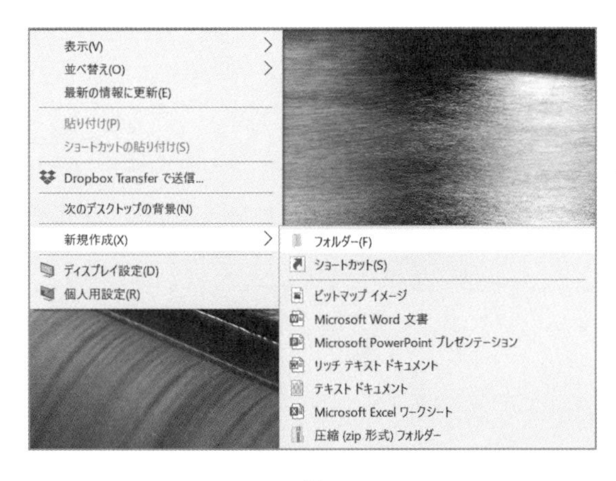

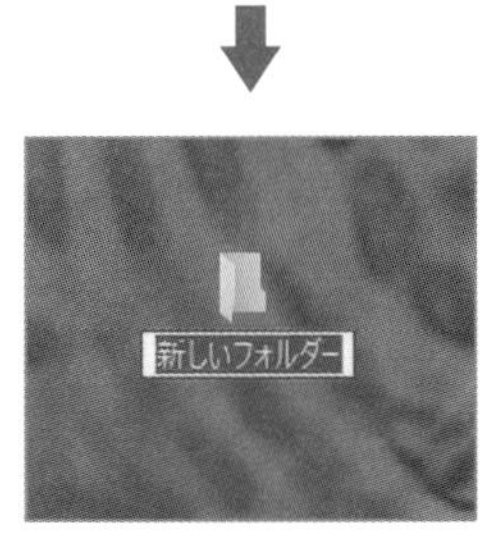

また、フォルダ名やファイル名を変更したいときは[F2]を使いましょう。[F2]を押すことでフォルダ名やファイル名が編集モードになります。

これもマウスをすでに握っているなら[右クリック]→[M]で「名前の変更」を実行してもOKです。

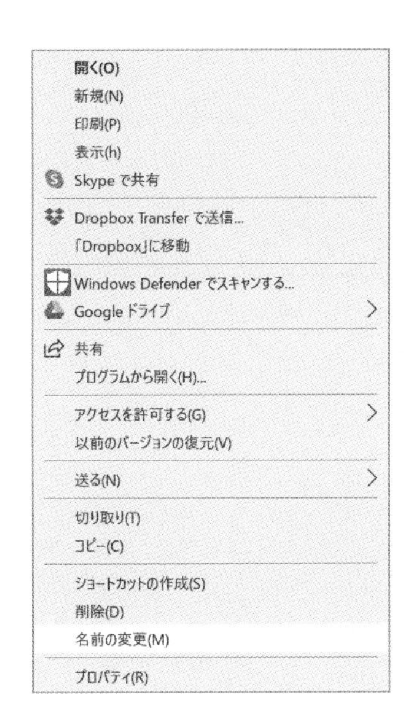

基本的にパソコンはキーボードだけで操作をすることができます。キーボードでの操作のテクニックが身につくほどパソコン作業が速くなっていきます。指先が勝手に動くまで、意識して練習しましょう。

エクスプローラーの新規表示	[Windows] + [E]
フォルダ間の移動	[Alt] + [矢印] キー
フォルダの中を見る	[Enter]
新規フォルダ作成	[Ctrl] + [Shift] + [N]
フォルダ名やファイル名を変更	[F2]

POINT.6

キーワード入力以外の検索機能を使い倒す

メールに関してCHAPTER 02でも書きましたが、ファイルも同じようにファイルを探す作業に、かなりムダな時間を取られてしまいます。

ファイルやフォルダ管理をいくら工夫していても、「あれ、あのファイルどこいった？」とか「ファイル名も思い出せないし、いつのファイルだったか覚えてないけど、なんとなくこんなことが書いてあったファイルを探したい」ということがあります。

新しいプレゼン資料を作るときに過去の資料から流用して効率化を図ることはよくありますが、その資料がすぐに見つけられないと結局は効率的でなくなります。ですが、過去の資料を参考にした方が効率的だと思ってしまい、あっという間に30分もファイルを探してしまっている、ということもあります。

そんなときのために、ファイルを探すテクニックも知っておくと探し当てるのが早くなります。

☑ 実はいろいろあるパソコン内の検索機能

フォルダを開くと右上に検索用の入力ボックスがあります。ここに検索したいキーワードを入力します。初期設定のままでファイル内の文字列まで検索されます。ですので、探したいキーワードを打ち込んでおけばそのキーワードが書かれているファイルを検索することができます。

また、この検索ボックスに検索文字を入力して一度検索すると、上の方に「検索」メニューが表示されます。ここをクリックすると検索オプションを設定することができます（下図）。

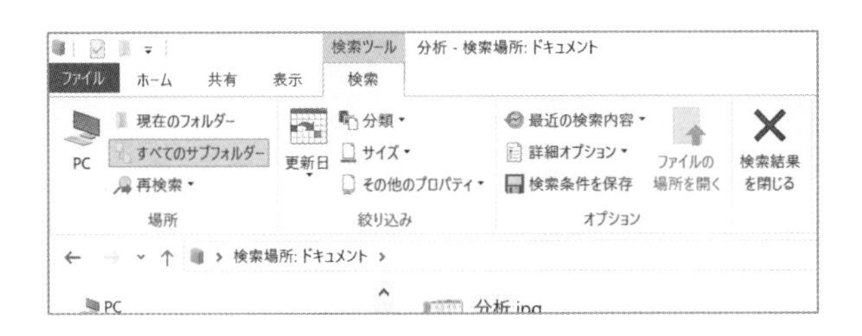

この中のオプションで、下図の枠で囲ったオプションを使うと便利に検索できます。例えば、今日の午前中に更新していたファイルをどこに保存したかわからなくなったとき、「更新日」をクリックして、「今日」を選択すればOKです。そうすると、今日、更新されたファイルが検索結果として表示されます。

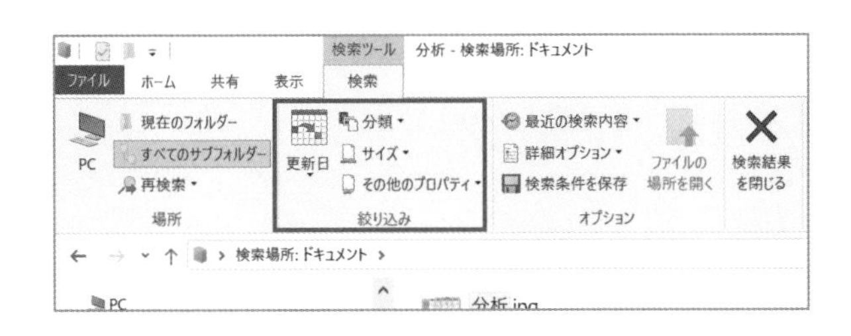

COLUMN

整理してから整頓する

「整理整頓」とよく言われますが、「整理」と「整頓」とは違う作業です。四字熟語としてひとまとめで使われていますが、整理と整頓の違いを知っておくと、フォルダやファイル整理に役立ちます。

「整理」は、「いるものといらないものを分けて、いらないものを捨てる」という意味があります。「整頓」は、「必要なものを取り出しやすく秩序だてて配置する」ことを言います。

子供のいらないおもちゃを捨てて、取り出しやすいように入れ物に「レゴ」「プラレール」などとラベルを貼ることを整理整頓といいます。

特に整頓は、インデックスやラベルをつけることが必要で、ファイルやフォルダの管理はこれがポイントになります。

整理は不要なものを捨てる、整頓は必要なものに対して抽出しやすいようにインデックスやラベルをつけることになります。

だから「整頓整理」とは言わないのです。まず、整理してから整頓するのです。

パソコンのファイルやフォルダで言うと「いらないものは捨てる：整理」「残ったファイルやフォルダを取り出しやすい名前にする：整頓」ということになります。

最近のハードディスクは容量が大きく、大容量のクラウド環境も使えるので、とりあえずファイルは全部保管しておく人も多いと思います。

ですが、ファイルやフォルダが多いほど、必要なファイル、欲しいファイルを探すのが大変になります。保管をするという目的は、後で再度確認したりするためですが、保管をしていても探せないなら意味がありません。

ですが、ファイルを捨てようと思っても、万が一のときが不安になってしまいます。確かに、万が一のことはないとは言えません。捨ててしまったファイルが後で必要になることもあるかもしれません。でも、その万が一のときのために、不要にファイルを溜めすぎるのは非効率です。

そのような事態が発生したときは、きっと周りの誰かがそのファイルを持っているので、その人に頼ればいいだけです。

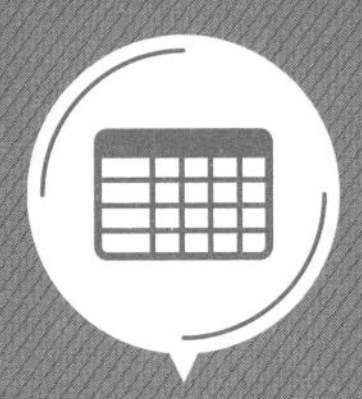

CHAPTER

05

高速一括!

Excelの時短テクニック

INTRODUCTION

Excelはビジネスシーンで最もよく使われるソフトの1つです。資料作成や統計分析、グラフ化などさまざまな用途で使用されています。書店にいくとExcelテクニックの本が何冊も並べられていることからも、よく使われているソフトであることがわかります。

よく使われるからこそ、テクニック次第で仕事の作業時間に大きな差が生まれます。Excelの時短テクニックには、単なるキーボードでのショートカットもあれば、マウスとキーボードの組み合わせテクニック、数式やセルの書式設定を使ったテクニックまで本当にたくさんあります。数式などのいろいろなテクニックを駆使すれば、30分かかる作業でも5分で終わってしまうことは、極端な例でなく本当にあることです。

本CHAPTERでは、Excel操作の時短テクニックを紹介していきます。ほとんど使うことのないマニアックなものでなく、普段のExcel作業の中でよく使い、Excel作業が速く、作業が楽になるような効果の出やすいテクニックを中心に紹介しています。

まずは、その中でも習得必須の3つのショートカットテクニックから紹介していきます。この3つは、Excelで作業するときの8割を占める操作だと思います。この8割の操作がショートカットテクニックで格段に速くなると、Excel作業が格段に速くなります。ぜひ習得してください。

POINT.1

Excel習得必須No.1テクニック、「セルの書式設定」一発起動

Excelで「セルの書式設定」という機能を使ったことがない人はいないでしょう。本当によく使う機能です。Excelは文字のフォント設定だけでなく、文字の表示形式やセルの罫線、背景色など多くの設定をすることができるので、それだけ「セルの書式設定」の作業も多くなります。

☑ 3秒の作業を0秒ですませる

これは本当に便利です。[Ctrl]＋[1]を押してみてください。セルの書式設定のウィンドウが一瞬で表示されます。このショートカットを知らないと右クリックのメニュー表示から「セルの書式設定」を選ぶので3秒かかってしまいます。

ショートカットとマウスとの差は3秒ですが、このテクニックは本当に何回も何回も実行するものなので積み重ねで時短効果を得られるテクニックです。また、使ってみると感じますが、本当に便利なので、気持ち的にも得した気分になります。すっと一瞬でセルの書式設定が出てくるので気持ちよくさえもあります。

このテクニックはExcelでは習得必須ですので、このCHAPTERの最初のテクニックとして持ってきました。

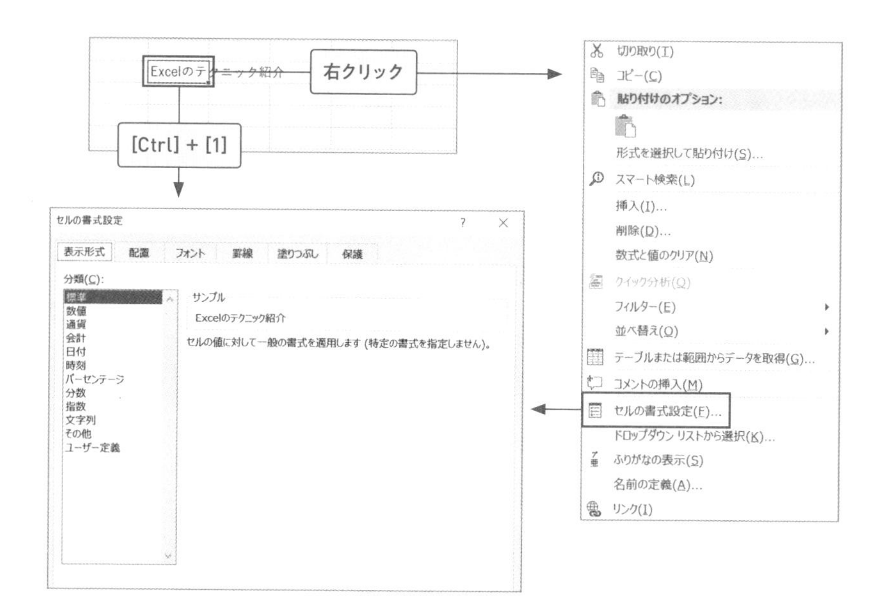

右クリック以外メニューを使わないときは、図のようにホームメニューの書式からたどっていけますが、これはさらに面倒くさい操作となります。

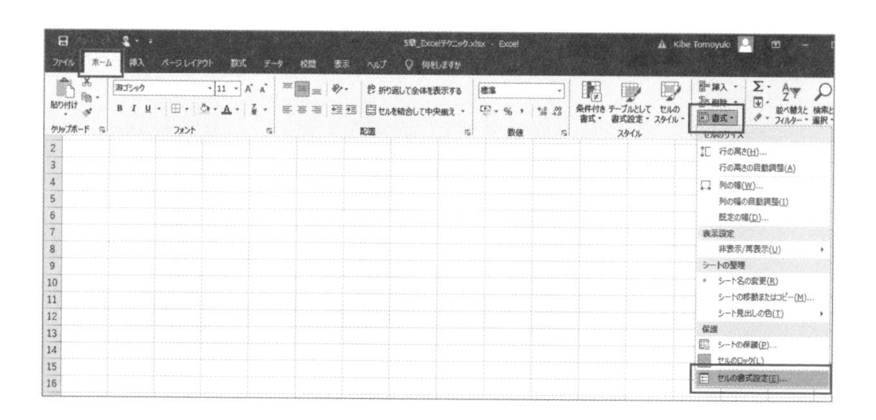

なおCHAPTER 01でも紹介していますが、このように使う頻度が高いショートカットは、もし知っていなかったとしてもマウスカーソルを当ててショートカットが割り当てられてないかを確認することができます。図のようにリボンをたどって表示される「セルの書式設定」にマウスカーソルを当てると（Ctrl＋1）というショートカットキーが表示されるのでショートカットが割り当てられていることがわかります。これが1番速いショートカットキーの探し方です。

この「セルの書式設定」のショートカットテクニックは、使用頻度からいってExcelの習得必須No.1のテクニックです。

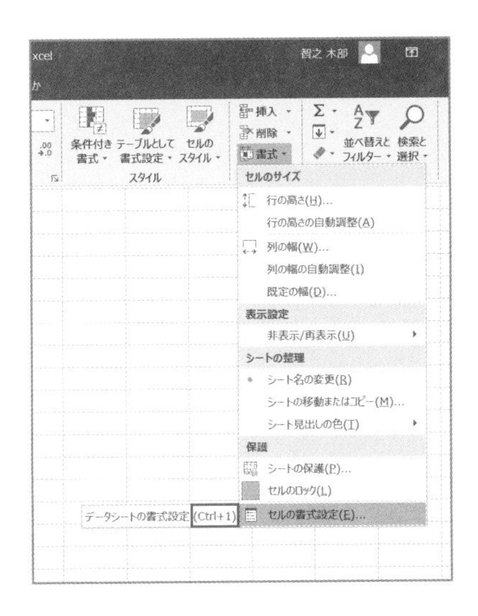

セルの書式設定	[Ctrl] + [1]

POINT.2

[F4]1つで 直前の作業を何度も繰り返す

さて次はExcelの習得必須テクニックのNo.2の[F4]機能です。

[F4]には「1つ前の操作を繰り返す」機能があります。何度も同じ作業を繰り返すときに大活躍するキーです。

Excelでは何度も同じ作業を繰り返すことがよくあります。文字や数字をセルごとに入力するので、フォントの変更やセルの背景色の変更など、同じ設定変更作業をいくつものセルに実行するからです。

例えば、文字を太字(Bold)にするときも1つのセルだけではなく、複数のセルで変更を行うことがあります。

[F4]の機能の使い方をサンプル事例を使って紹介しましょう。

☑ [F4]の使い方

図のように店舗の売上が一覧表示されている表があります。この店舗一覧の中から、年間売上が4000万円を超えている店舗の年間売上のセルを黄色にする、という作業をします。

まず、品川店舗が約6000万円なのでメニューからセルを黄色に変更します。その次は新宿が超えています。そして、調布、横浜の店舗も超えています。これらのセルを黄色にするときに、毎回、メニューから黄色にするのではなく、[F4]を押せばセルを黄色に変更した作業を繰り返し実行することができます。

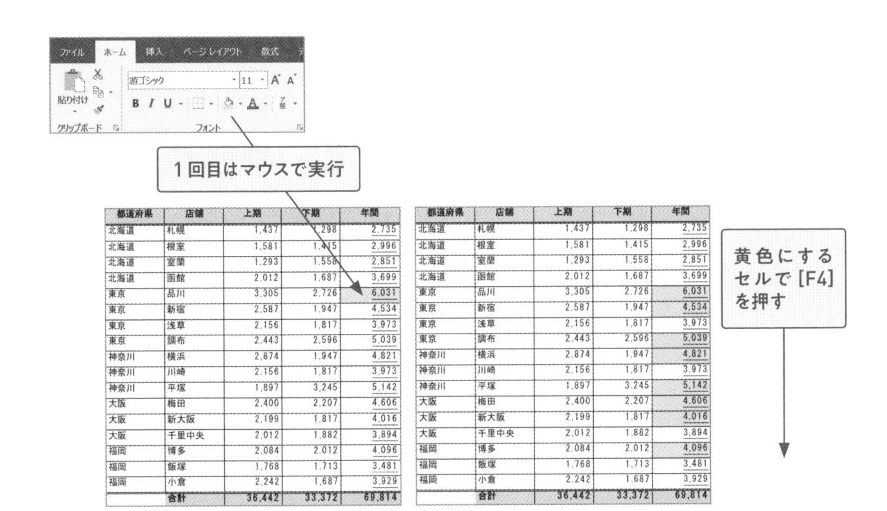

都道府県	店舗	上期	下期	年間
北海道	札幌	1,437	1,298	2,735
北海道	根室	1,581	1,415	2,996
北海道	室蘭	1,293	1,558	2,851
北海道	函館	2,012	1,687	3,699
東京	品川	3,305	2,726	6,031
東京	新宿	2,587	1,947	4,534
東京	浅草	2,156	1,817	3,973
東京	調布	2,443	2,596	5,039
神奈川	横浜	2,874	1,947	4,821
神奈川	川崎	2,156	1,817	3,973
神奈川	平塚	1,897	3,245	5,142
大阪	梅田	2,400	2,207	4,606
大阪	新大阪	2,199	1,817	4,016
大阪	千里中央	2,012	1,882	3,894
福岡	博多	2,084	2,012	4,096
福岡	飯塚	1,768	1,713	3,481
福岡	小倉	2,242	1,687	3,929
	合計	36,442	33,372	69,814

都道府県	店舗	上期	下期	年間
北海道	札幌	1,437	1,298	2,735
北海道	根室	1,581	1,415	2,996
北海道	室蘭	1,293	1,558	2,851
北海道	函館	2,012	1,687	3,699
東京	品川	3,305	2,726	6,031
東京	新宿	2,587	1,947	4,534
東京	浅草	2,156	1,817	3,973
東京	調布	2,443	2,596	5,039
神奈川	横浜	2,874	1,947	4,821
神奈川	川崎	2,156	1,817	3,973
神奈川	平塚	1,897	3,245	5,142
大阪	梅田	2,400	2,207	4,606
大阪	新大阪	2,199	1,817	4,016
大阪	千里中央	2,012	1,882	3,894
福岡	博多	2,084	2,012	4,096
福岡	飯塚	1,768	1,713	3,481
福岡	小倉	2,242	1,687	3,929
	合計	36,442	33,372	69,814

何個も何個もセルの背景色を変更する、という作業を行ったことがある人は多いと思います。何度も何度もマウスでメニューから背景色を変更するのではなく、[F4]を連打しましょう。驚くほど作業効率があがります。セルの色だけでなく、フォントを変えるとか、罫線を引くなどといった作業もこの[F4]テクニックで繰り返すことができます。

☑ 他の操作をすると無効に

この[F4]機能は、他の操作を行うと無効になってしまいます。例えば、セルを黄色にして[F4]で他のセルも黄色にしているときに、あるセルの文字のフォントを太字にします。そうすると、その後からは太字にするという機能が[F4]で実行されます。

SHORT CUT MEMO

[F4]

POINT.3

［F2］でセルを瞬時に編集モードにする

3つ目の習得必須のExcelテクが[F2]です。セルを編集するときに役立つテクニックです。

セルに新規に文字を入力したり、入力済みのセルを修正したり、追加で文字を入力したりすると思います。そのときに、そのセルでダブルクリックをして編集モードにするのがよく実行されるパターンです。もしくは、上の方にある入力バーにマウスカーソルを当てて入力モードにしたりすると思います。どちらもマウスを使った操作です。

そんなときに[F2]を押してみましょう。瞬時に編集モードになります。

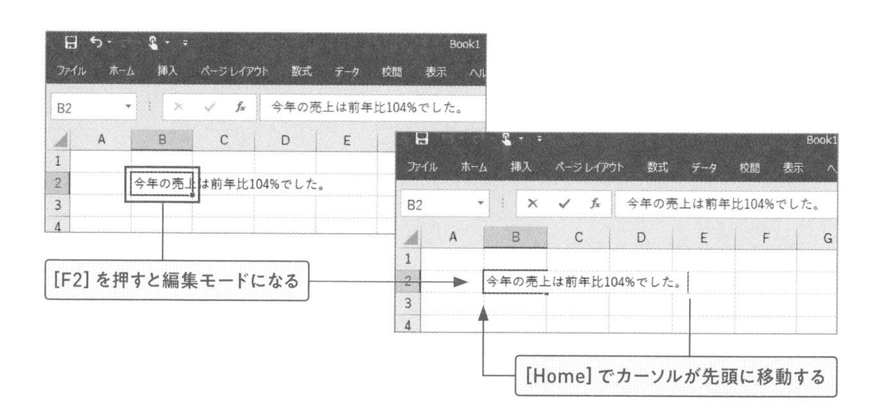

また、編集モードになったときは、カーソルはその文字列の最後にあります。文字列の最後に追加で文字を入力するときはそのままでいいですが、先頭の方に文字を入力したいときもあります。そのときは、[Home]ボタンを押しましょう。そうすると、文字列の先頭にカーソルが移動するので、そのまま作業をすることができるようになります。

☑ 数式の参照先もすぐわかる

[F2] には、もう1つ便利な使い方があります。それは数式が入力されているセルで使うときです。

数式が入力されているセルで [F2] を押すと、その数式が参照しているセルが色のついた枠線で表示されます。数式が間違っていて結果に誤りがあることがあるので、そのときには [F2] を押して数式の参照先をすぐに確認することができます。

下の表では、売価と合計の欄を数式で計算するようにしています。

	定価	値引き	消費税	売価
商品A	500	50	10%	495
商品B	2,000	100	10%	2,090
商品C	1,500	500	10%	1,100
商品D	900	50	10%	935
商品E	3,000	400	10%	2,860
合計	7,900	1,100	–	7,480

ここで、数式のセルを選択して [F2] を押すと、その数式自体が表示されると同時に、参照しているセルに色がついてハイライトされます。

	定価	値引き	消費税	売価
商品A	500	50	10%	495
商品B	2,000	100	10%	2,090
商品C	1,500	500	10%	=(L19-M19)*(1+N19)
商品D	900	50	10%	935
商品E	3,000	400	10%	2,860
合計	7,900			

数式のセルの文字の色と、セルの枠が同じ色で表示される

数式を使っていると、計算が合わなくなることがあり、数式が正しい

か確認することがよくあります。そのときは、[F2] キーを押せば図のように色で参照先が示されるので、確認も簡単になります。とても便利なのでぜひ使ってください。

セルを編集　［F2］

POINT.4

メニューからではなくショートカットで書式変更をする

「セルの書式設定」は[Ctrl]＋[1]を使うと一発でメニューが出てきて便利ですが、文字を太字にしたり下線を引いたりするフォント変更をするためだけであれば、それでも面倒くさいです。フォント変更の基本パターンにはショートカットがついているので、いちいちセルの書式設定のウィンドウを開かなくてもすぐに変更ができます。

☑ フォントや罫線を変更するショートカット

太字、下線、斜体、取り消し線にするフォント変更にショートカットが割り当てられています。それぞれ、下の図の通りです。

変更前	ショートカット	変更後
文字のフォントをショートカットで変更する	[Ctrl] + [B]	**文字のフォントをショートカットで変更する**
文字のフォントをショートカットで変更する	[Ctrl] + [U]	文字のフォントをショートカットで変更する
文字のフォントをショートカットで変更する	[Ctrl] + [I]	*文字のフォントをショートカットで変更する*
文字のフォントをショートカットで変更する	[Ctrl] + [5]	~~文字のフォントをショートカットで変更する~~

もう1つ、罫線もよく使うセルの書式設定です。いろいろな罫線の引き方がありますが、罫線を引くときの8割は単純に外枠線を引くパターンです。実は、これもショートカットが割り当てられているので、覚えておくととても便利です。

外枠線で囲みたい範囲を選択して、[Ctrl]＋[Shift]＋[6]を押せば単純な外枠線を引くことができます。また、1度引いた外枠線を消したいときは[Ctrl]＋[Shift]＋[_]（アンダーバー）を押せば消えます。

変更前	ショートカット	変更後
文字のフォントをショートカットで変更する	Ctrl+B	文字のフォントをショートカットで変更する
文字のフォントをショートカットで変更する	Ctrl+U	文字のフォントをショートカットで変更する
文字のフォントをショートカットで変更する	Ctrl+I	文字のフォントをショートカットで変更する
文字のフォントをショートカットで変更する	Ctrl+5	~~文字のフォントをショートカットで変更する~~

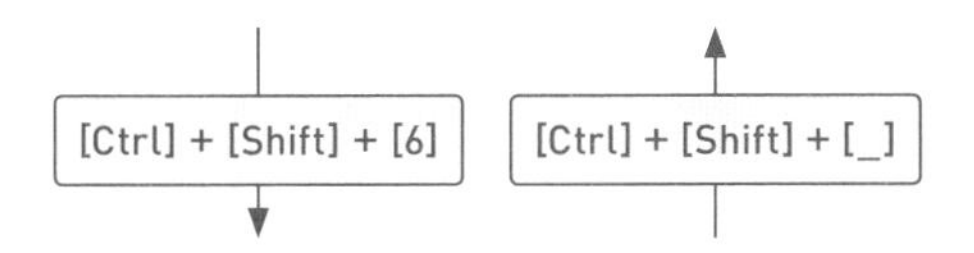

変更前	ショートカット	変更後
文字のフォントをショートカットで変更する	Ctrl+B	文字のフォントをショートカットで変更する
文字のフォントをショートカットで変更する	Ctrl+U	文字のフォントをショートカットで変更する
文字のフォントをショートカットで変更する	Ctrl+I	文字のフォントをショートカットで変更する
文字のフォントをショートカットで変更する	Ctrl+5	~~文字のフォントをショートカットで変更する~~

SHORT CUT MEMO

太字	[Ctrl] + [B]
斜体	[Ctrl] + [I]
下線	[Ctrl] + [U]
取り消し線	[Ctrl] + [5]
外枠線	[Ctrl] + [Shift] + [6]
外枠線の削除	[Ctrl] + [Shift] + [_]

POINT.5

カーソル移動や範囲の指定を一瞬で遂行する

Excelは縦に約100万行、横に1.6万列という巨大なキャンパスです。

そのすべてを使い切ることはほとんどありませんが、大量データを扱うときは縦も横もかなりのセルを使うことになります。

システム開発の現場で仕事をしていたときは、数千行のExcelデータを分析することはしょっちゅうありました。そこまでいかなくても、ちょっとデータをまとめたりすると、数百行のデータ量にはなると思います。

そのようなデータ量のExcelを扱うときには、カーソルの移動をマウスで行っているととても時間がかかり非効率ですので、キーボードを使って一瞬でマウスカーソルを移動させるテクニックを覚えておきましょう。

☑ カーソル移動のテクニック

まずは、[Ctrl]キーと[矢印]キーを使ったセル移動です。[Ctrl]キーを押しながら[矢印]キーを押すと、その方向にある最初の空白セルの手前まで、つまりデータが入力されている1番端のセルまで一気に移動します。

次図のように、A1にカーソルがあるときに、[Ctrl]＋[↓]を押すとA20のセルまで移動します。そこから、[Ctrl]＋[→]を押せばG20のセルに一気に移動します。

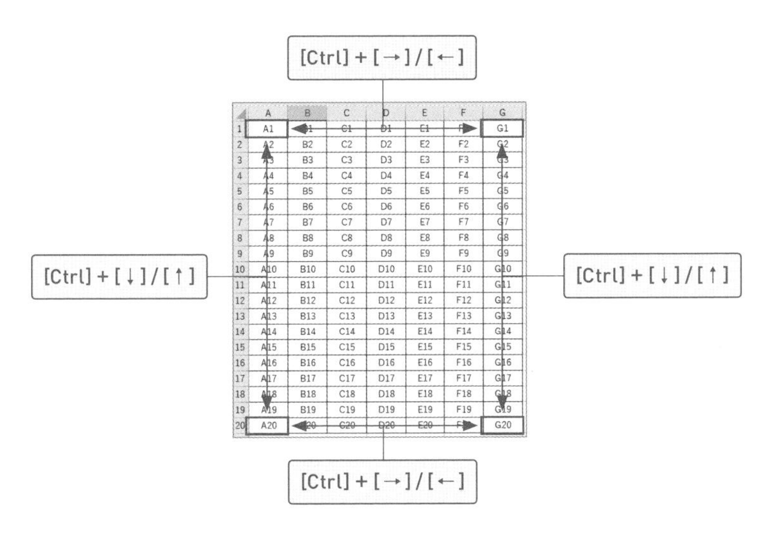

さて、次に[Ctrl]キーと[Home][End]キーの組み合わせです。[Ctrl]＋[Home]はどこのセルにカーソルがあっても、A1に戻ります。[Ctrl]＋[End]はどこからでもG20へ移動します。ただ、これは[Ctrl]＋[矢印]キーが身についていれば、作業時間的には大差ないので覚えておかなくても困りはしません。また、キーボードによっては[Home]/[End]ボタンがとても押しにくいところにあるものもあるので、そのようなキーボードのときはかえって不便になってしまいます。

私はこのExcelのテクニック以外でも[Home]/[End]ボタンはかなり使うので、このテクニックも重宝して使っています。

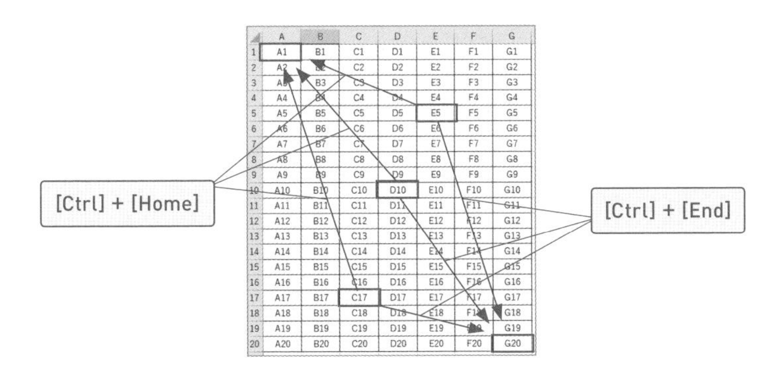

☑ 範囲指定のテクニック

これらの移動のショートカットを[Shift]キーと一緒に使ってみてください。そうすると、移動した範囲を「選択」することができます。例えば、先の例の表をすべて範囲選択したい場合は、A1にカーソルを置いて、そこから[Ctrl]＋[Shift]＋[↓]を押せば縦をすべて選択し、[Ctrl]＋[Shift]＋[→]を押すと横方向に選択をします。

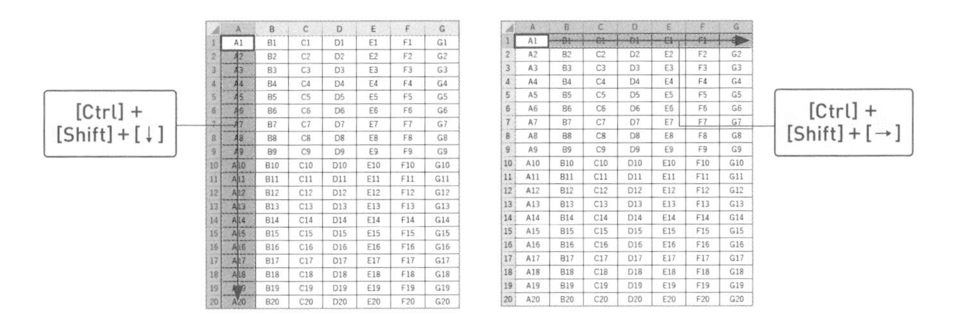

[Ctrl]＋[Shift]＋[↓]＋[→]とすれば、この表のすべての範囲を選択することができます。これは[Ctrl]＋[Shift]＋[End]でも同じことが実行できます。

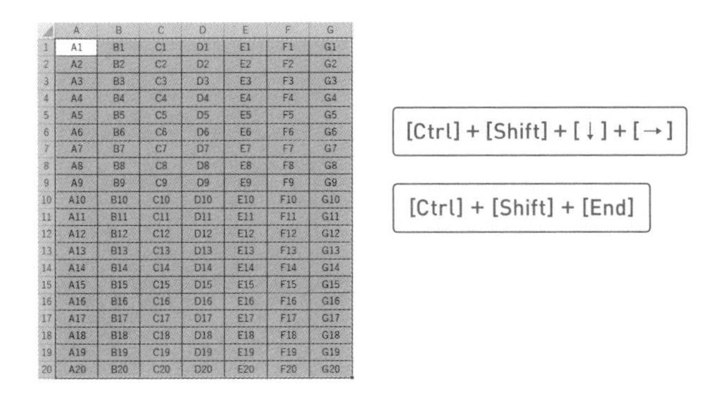

Excelのカーソル移動や範囲選択は頻繁に行います。このテクニックを使って大幅に時間削減ができるでしょう。

SHORT CUT MEMO

1番端のセルまで移動	[Ctrl] + [矢印] キー
A1に戻る	[Ctrl] + [Home]
データの最後に移動	[Ctrl] + [End]
表のすべての範囲を選択	[Ctrl] + [Shift] + [↓] + [→]
表のすべての範囲を選択	[Ctrl] + [Shift] + [End]

POINT.6

シート移動を高速化させるキーボード＆マウスを使った方法

チームや組織のみんなでずっと使ってきたExcelが、機能に機能を重ねて膨大なシートになっていることがあります。システム開発の設計書が大量のシートに分かれていたり、組織の収支管理が大作Excelになっていたり。

このようなExcelを使うときはシートの移動もかなり面倒な作業になってしまいます。シートが多ければ多いほど、マウスでシート移動する人とテクニックを知っている人との作業時間の差が生まれてしまいます。

シート移動のテクニックには2つありますので、どちらも使えるようになっておくと便利です。

☑ キーボード操作によるシート移動

まずはキーボードで移動するテクニックです。[Ctrl]＋[Page up]/[Page down]でシート間の移動ができます。[Ctrl]＋[Page down]を押せば右のシートに、反対に[Page up]を使えば左のシートに移動します。

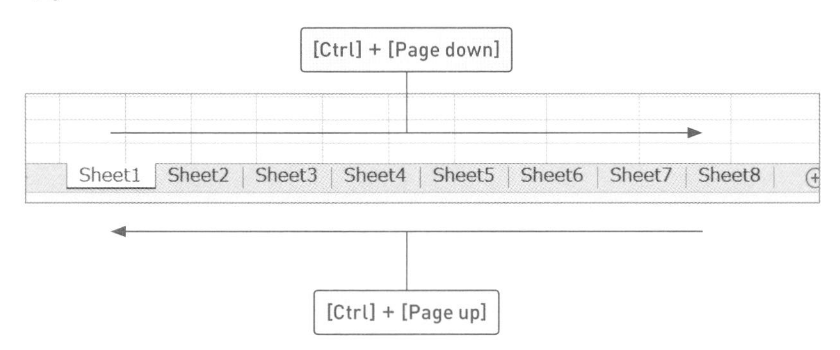

マウスによるシート移動

さらにシートが20も30にもなっているExcelもたまに見かけます。タブも小さくなっていてシート名を読むこともできません。

このようなときは右クリックテクニックを使います。Excelの左下エリアに[◀　▶]が表示されています。ここにマウスを当てるとテクニックが表示されます。[Ctrl]＋[左クリック]で最後のシートの画面表示ができます。そして、[右クリック]を押すとすべてのシートが一覧で表示されます。ここから使いたいシートを選択すればOKです。この画面だとシート名もつぶれずにきちんと表示されますので問題ありません。

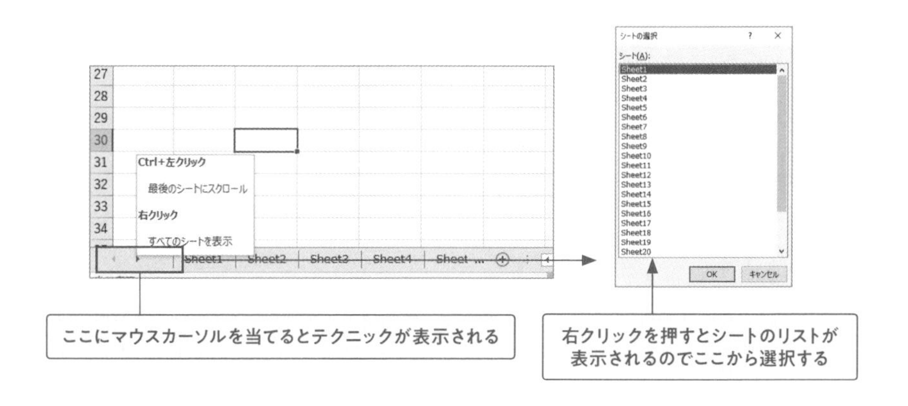

シートが多くなればなるほど、このテクニックを使うかどうかで作業時間が大きく変わってきます。

右のシートに移動	[Ctrl] + [Page down]
左のシートに移動	[Ctrl] + [Page up]
最後のシートの画面表示	[Ctrl] + [左クリック]

POINT.7

1000行のコピペもダブルクリックで一発！

Excelを使っていると、縦にも横にもどんどん作業領域が広がっていきます。横に列が増えるときはだいたいその左の列と同じ行数分のデータを入力するケースが多いです。

例えば、A列とB列に数字データがあり、C列にはその合計値を計算する数式を入力したりするイメージです。そうすると隣のA、B列と同じ行数分ほど数式のコピーをしなければなりません。1000行も2000行もあると、マウスやキーボードを使いながらの操作では時間がかかってしまいます。

そのようなときに、マウスのダブルクリック一発ですべての行をコピーできる方法があります。

☑ セルの右下の［+］に注目

機能の説明としてここでは簡単な例を使います。A列とB列に1～1000の数字を入れて、C列にA＋Bの足し算の数式を入れます。

そしてコピペしたいセル、数式を入力したセルの右下にカーソルを合わせます。すると[+]マークが出てきます。これで大量コピペの準備が完了です。

ここで[+]マークをダブルクリックしてみましょう。

1000行が一瞬でコピペ完了です。もちろん1000行が限界ではないので、もっと大量のデータ行数でも有効ですし、行数が多ければ多いほど、このテクニックの効果が得られます。

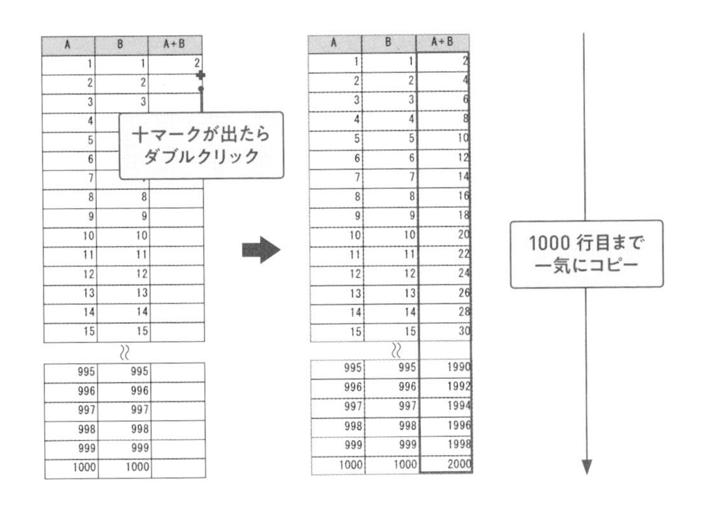

この機能は列の数が増えても実行できます。A＋Bの右にA×B、A×2という計算の列を追加します。ここで、数式を入力した2つのセルを選択し、右下にカーソルを当てて＋マークが表示されればダブルクリックをするだけで、追加した2つの数式が一瞬でコピーできます。

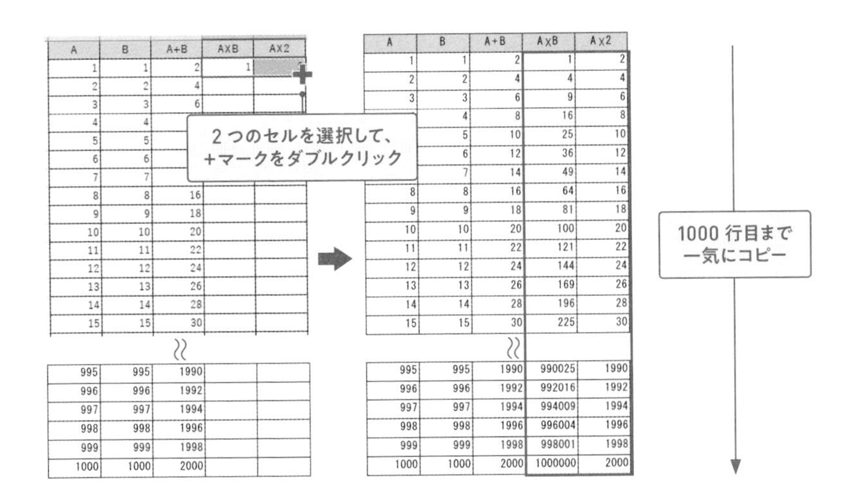

POINT.8

行の挿入をラクに実行するショートカット

Excelを使っていると、どうしても後から行を追加することが起きてしまいます。データをまとめていたり、分析していたり、何か表を作っていたりしていて、作業を進めていくと、後から行を追加しないといけなくなることが出てくるものです。

1行だけ挿入するのであればすぐにできますが、何行も挿入したり、1行目と2行目、2行目と3行目、3行目と4行目……と、それぞれの間に行を挿入したいときは、1つずつしてしまうととても時間がかかります。

それを一瞬で挿入してしまうテクニックです。

☑ 一行だけの場合

まず、1行だけを挿入するときは、挿入したい行を選択して、[右クリック]→[I]で挿入できます。IはInsertのIで覚えておきましょう。[Ctrl]＋[Shift]＋[+]や[Alt]＋[I]＋[R]というショートカットもありますが、覚えこむほど使う頻度があまりないので、右クリックを押してそこで表示されるメニューを見ながら[I]を押す方がお手軽です。この作業を行うときは、まずマウスを使って行から選択することが多いので、マウスの右クリックテクニックの方が速いのです。

また、複数の箇所に行を挿入するときは、1行挿入した後は[F4]テクニックを使うと繰り返しで実行できるので楽ちんです。

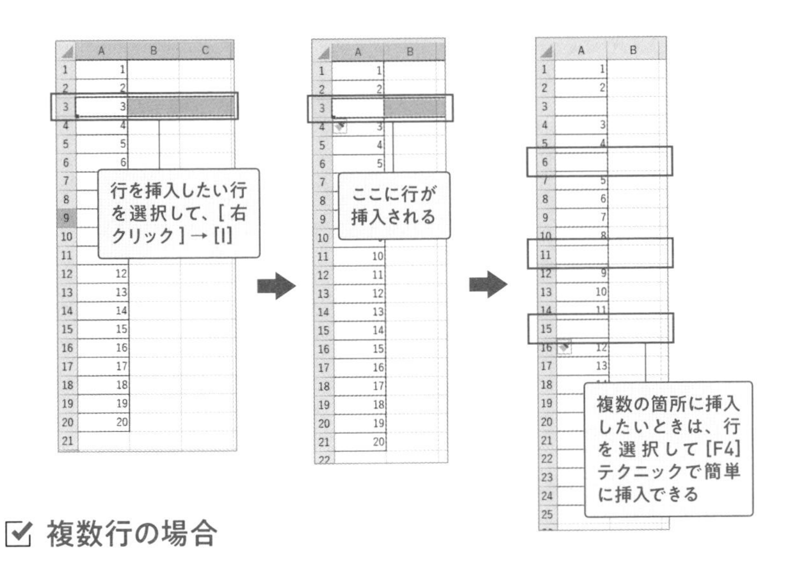

☑ 複数行の場合

次は、10行をまとめて挿入するときのテクニックです。1行目と2行目の間に10行を挿入してみましょう。2行目から11行目までの10行分を選択して、[右クリック] ‣[I] で行挿入をしてみましょう。そうすると、図のように1行目と2行目の間に10行挿入されます。

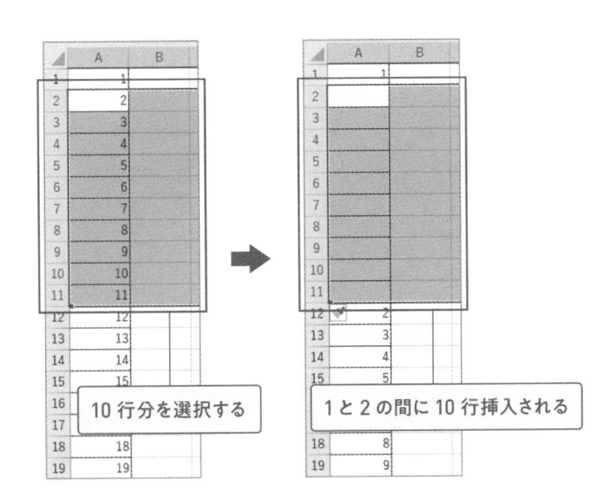

☑ 一行飛ばしの場合

行挿入テクニックの3つ目を紹介します。例えば、1行飛ばしで何行も行を挿入するなど、1度に複数行を挿入するパターンです。

1から10の間に1行ずつ行を挿入するときは、図のように[Ctrl]キーを押しながら1行ずつ行を選択します。そして、[右クリック]→[I]で行挿入を実行すると、1行飛ばしで行が挿入されます。[Ctrl]を使わずに行を選択すると先ほど説明したようにまとめて行が挿入されます。

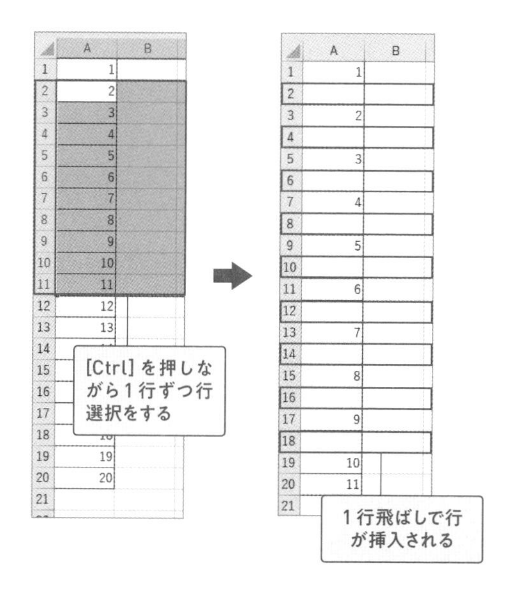

また、このPOINT.8のテクニックは行について説明しましたが、列に対してもまったく同じことができます。

行の挿入	[右クリック]→[I]

POINT.9

カレンダーを数式で効率化するテクニック

部門の日程表やプロジェクトの作業計画表といった、カレンダー形式の資料をExcelで作ることがよくあります。Excelは表形式でデータを入力できるので、このようなカレンダー形式の資料はWordやPowerPointよりも桁違いに作りやすいのです。

そのカレンダー作成がさらに便利になるテクニックを紹介します。カレンダーを作るときに、曜日を手入力している人は必見です。

☑ 曜日を手入力してはいけない

カレンダーを作るときに1番面倒くさいのは曜日の入力です。また、曜日を手入力してしまうと、日付を変更するとそのたびに曜日をまた変更しなければいけません。そこで最初の日付を変えるだけですべての表示が一瞬で変わるテクニックの登場です。

2021年3月1日をスタートとした例で説明します。1番上のセルに3月1日と入力します。そして、その次以降のセルは1つ上のセルに1を加える数式を入力します。そうすることで、3月1日と入力したセルだけを変更すればよくなります。

そして、その隣の列を曜日の列にしますが、まずは日付の列のセルを参照する式を入力します。ここまでしておくと、最初の日付を変えるだけですべてが自動で変更されます。

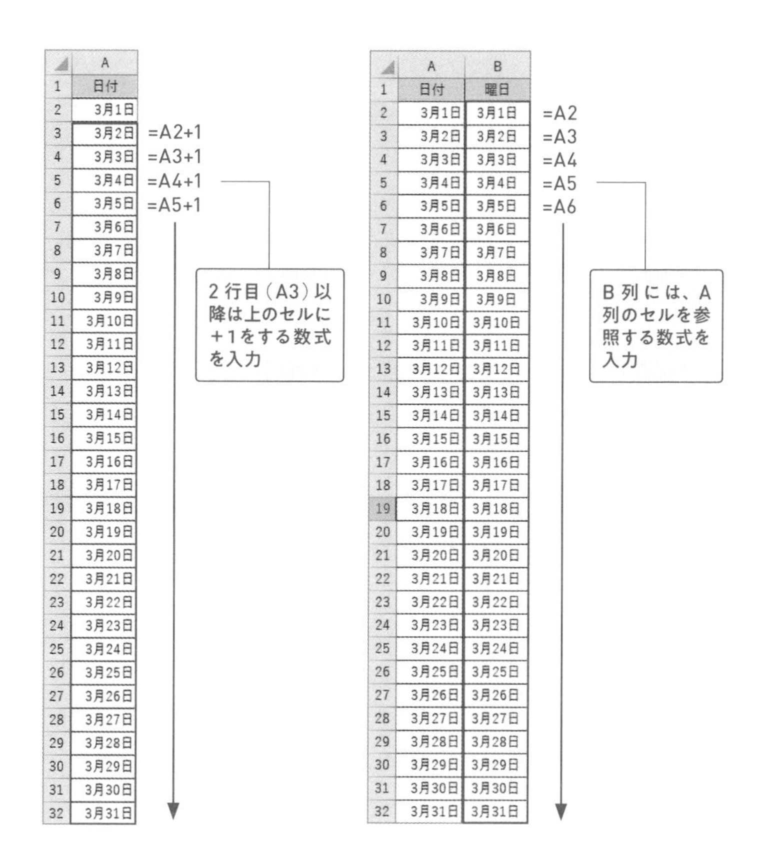

	A
1	日付
2	3月1日
3	3月2日
4	3月3日
5	3月4日
6	3月5日
7	3月6日
8	3月7日
9	3月8日
10	3月9日
11	3月10日
12	3月11日
13	3月12日
14	3月13日
15	3月14日
16	3月15日
17	3月16日
18	3月17日
19	3月18日
20	3月19日
21	3月20日
22	3月21日
23	3月22日
24	3月23日
25	3月24日
26	3月25日
27	3月26日
28	3月27日
29	3月28日
30	3月29日
31	3月30日
32	3月31日

	A	B
1	日付	曜日
2	3月1日	3月1日
3	3月2日	3月2日
4	3月3日	3月3日
5	3月4日	3月4日
6	3月5日	3月5日
7	3月6日	3月6日
8	3月7日	3月7日
9	3月8日	3月8日
10	3月9日	3月9日
11	3月10日	3月10日
12	3月11日	3月11日
13	3月12日	3月12日
14	3月13日	3月13日
15	3月14日	3月14日
16	3月15日	3月15日
17	3月16日	3月16日
18	3月17日	3月17日
19	3月18日	3月18日
20	3月19日	3月19日
21	3月20日	3月20日
22	3月21日	3月21日
23	3月22日	3月22日
24	3月23日	3月23日
25	3月24日	3月24日
26	3月25日	3月25日
27	3月26日	3月26日
28	3月27日	3月27日
29	3月28日	3月28日
30	3月29日	3月29日
31	3月30日	3月30日
32	3月31日	3月31日

このままでは曜日表示になっていないので、ここから書式設定を変えて曜日表示にしていきます。

曜日のセルを選択して、[Ctrl]＋[1]でセルの書式設定を開きましょう。そして、表示形式タブの分類の1番下にある「ユーザー定義」をクリックします。右側に「種類」と書かれた入力ボックスが出てきます。ここにある値を入力すると曜日表示になります。

その値は、「aaa」です。そうすると「1月1日」と表示されていたのが「火」と変わります。また、「aaaa」と入力すると「火曜日」と表示されます。

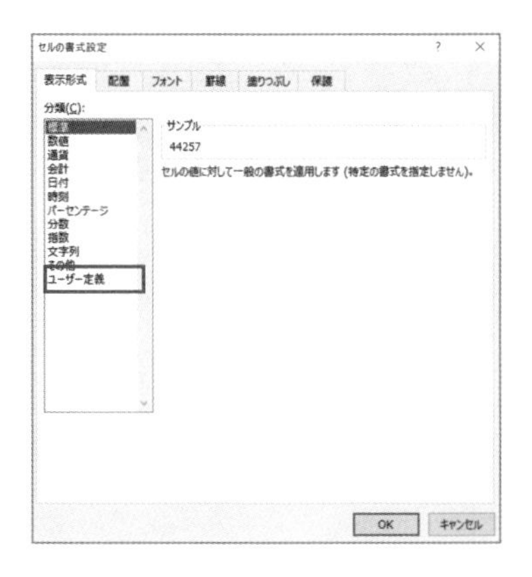

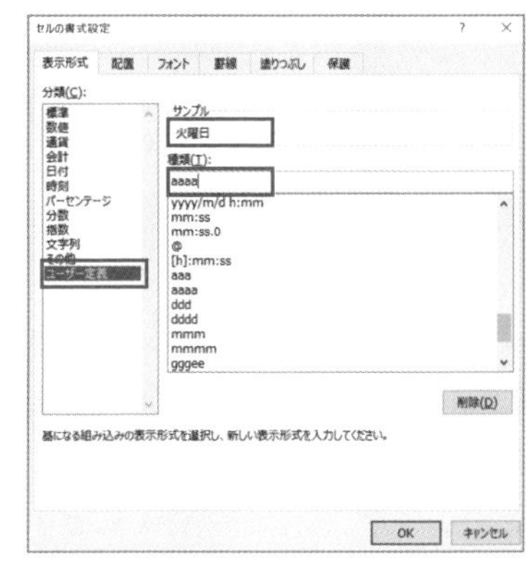

実際の表示は次の図のようになります。また、もともと1月のカレンダーを3月に変えるときは、1月1日と入力したセルを3月1日にするだけですべての日付と曜日が一瞬で変わります。これはすべてを数式にし、セルの書式変更で表示しているからです。

日付	曜日	曜日
1月1日	金	金曜日
1月2日	土	土曜日
1月3日	日	日曜日
1月4日	月	月曜日
1月5日	火	火曜日
1月6日	水	水曜日
1月7日	木	木曜日
1月8日	金	金曜日
1月9日	土	土曜日
1月10日	日	日曜日
1月11日	月	月曜日
1月12日	火	火曜日
1月13日	水	水曜日
1月14日	木	木曜日
1月15日	金	金曜日
1月16日	土	土曜日
1月17日	日	日曜日
1月18日	月	月曜日
1月19日	火	火曜日
1月20日	水	水曜日
1月21日	木	木曜日
1月22日	金	金曜日
1月23日	土	土曜日
1月24日	日	日曜日
1月25日	月	月曜日
1月26日	火	火曜日
1月27日	水	水曜日
1月28日	木	木曜日
1月29日	金	金曜日
1月30日	土	土曜日
1月31日	日	日曜日

日付	曜日	曜日
3月1日	月	月曜日
3月2日	火	火曜日
3月3日	水	水曜日
3月4日	木	木曜日
3月5日	金	金曜日
3月6日	土	土曜日
3月7日	日	日曜日
3月8日	月	月曜日
3月9日	火	火曜日
3月10日	水	水曜日
3月11日	木	木曜日
3月12日	金	金曜日
3月13日	土	土曜日
3月14日	日	日曜日
3月15日	月	月曜日
3月16日	火	火曜日
3月17日	水	水曜日
3月18日	木	木曜日
3月19日	金	金曜日
3月20日	土	土曜日
3月21日	日	日曜日
3月22日	月	月曜日
3月23日	火	火曜日
3月24日	水	水曜日
3月25日	木	木曜日
3月26日	金	金曜日
3月27日	土	土曜日
3月28日	日	日曜日
3月29日	月	月曜日
3月30日	火	火曜日
3月31日	水	水曜日

ここの日付を変えるだけですべての日付と曜日の表示が変わる

このユーザー設定での書式は他にもパターンがあります。図にまとめましたので、1度お試しで設定してみてください。書式設定のユーザー定義では、定形文字を設定することもできます。例えば、「(aaa)」と入力しておくと(月)と表示されます。この機能も便利です。

日付	種類	表示
1月1日	aaa	金
1月1日	aaaa	金曜日
1月1日	(aaa)	(金)
1月1日	ddd	Fri
1月1日	dddd	Friday
1月1日	mmm	Jan
1月1日	mmmm	January
1月1日	rr	令和03
1月1日	rr年	令和03年

POINT.10

簡単なひと手間で表をイケてる風にグレードアップする

いろんなExcelの表を見ていると、ちょっとかっこいい表とそうでもない表があります。どうせ作るならちょっとイケてる風な表にしておきましょう。センスもたいした作業時間もいりません。簡単なルールとちょっとした書式設定変更で作ることができます。

なぜイケてる風の表を作るのか。見た目がイケてると、見る方は「おっ」と思うからです。そうなると、まずは一定ラインの評価をもらえます。もちろん内容が伴っていなければ、中身を見られると評価は下がりますが、同じ内容であれば表の見た目がイケてる方がいいに決まっています。

そして、それがすぐにできてしまうなら、やらない手はありません。

☑ イケてる表の共通点

3つのパターンの表を作りました。1つ目は、単純に罫線を引いただけの表です。2つ目は、タイトル行と合計行をグレーと太字にして、空白行の罫線を削除しました。この2つを比べただけでも違いはありますよね。

そして3つ目は、表の右端と左端の罫線を削除し、タイトル行・合計行と表本体との境目を二重線にしました。3つ目が1番イケてる風に見えたのではないでしょうか。

都道府県	店舗	上期	下期	年間
北海道	札幌	1,437	1,298	2,735
北海道	根室	1,581	1,415	2,996
北海道	室蘭	1,293	1,558	2,851
北海道	函館	2,012	1,687	3,699
東京	品川	3,305	2,726	6,031
東京	新宿	2,587	1,947	4,534
東京	浅草	2,156	1,817	3,973
東京	調布	2,443	2,596	5,039
神奈川	横浜	2,874	1,947	4,821
神奈川	川崎	2,156	1,817	3,973
神奈川	平塚	1,897	3,245	5,142
大阪	梅田	2,400	2,207	4,606
大阪	新大阪	2,199	1,817	4,016
大阪	千里中央	2,012	1,882	3,894
福岡	博多	2,084	2,012	4,096
福岡	飯塚	1,768	1,713	3,481
福岡	小倉	2,242	1,687	3,929
	合計	36,442	33,372	69,814

単純に罫線を引いただけの表

タイトル行と合計行の背景をグレー＆太字にした。また、左下の空白セルの罫線を削除

都道府県	店舗	上期	下期	年間
北海道	札幌	1,437	1,298	2,735
北海道	根室	1,581	1,415	2,996
北海道	室蘭	1,293	1,558	2,851
北海道	函館	2,012	1,687	3,699
東京	品川	3,305	2,726	6,031
東京	新宿	2,587	1,947	4,534
東京	浅草	2,156	1,817	3,973
東京	調布	2,443	2,596	5,039
神奈川	横浜	2,874	1,947	4,821
神奈川	川崎	2,156	1,817	3,973
神奈川	平塚	1,897	3,245	5,142
大阪	梅田	2,400	2,207	4,606
大阪	新大阪	2,199	1,817	4,016
大阪	千里中央	2,012	1,882	3,894
福岡	博多	2,084	2,012	4,096
福岡	飯塚	1,768	1,713	3,481
福岡	小倉	2,242	1,687	3,929
	合計	**36,442**	**33,372**	**69,814**

左右端の罫線を削除し、タイトル行と合計行と表本体との境を２重線とした

都道府県	店舗	上期	下期	年間
北海道	札幌	1,437	1,298	2,735
北海道	根室	1,581	1,415	2,996
北海道	室蘭	1,293	1,558	2,851
北海道	函館	2,012	1,687	3,699
東京	品川	3,305	2,726	6,031
東京	新宿	2,587	1,947	4,534
東京	浅草	2,156	1,817	3,973
東京	調布	2,443	2,596	5,039
神奈川	横浜	2,874	1,947	4,821
神奈川	川崎	2,156	1,817	3,973
神奈川	平塚	1,897	3,245	5,142
大阪	梅田	2,400	2,207	4,606
大阪	新大阪	2,199	1,817	4,016
大阪	千里中央	2,012	1,882	3,894
福岡	博多	2,084	2,012	4,096
福岡	飯塚	1,768	1,713	3,481
福岡	小倉	2,242	1,687	3,929
	合計	**36,442**	**33,372**	**69,814**

ポイントは「よりシンプルにする」「情報の意味の違いを表す」の2つです。

シンプルにするというのは、なくても影響がない罫線を削除するということです。先の例においては、１番左下の罫線と、表の両端の縦罫線です。情報の意味は、表の本体とタイトル行/合計行で違うので、この境目の罫線を２重線にします。このようにしておくと、視覚的に入ってくる情報量が減り、表の構造がひと目でわかるようになるので、読み手が読みやすくなるという効果があります。

☑ イケてる表を作る3つのルール

表を作るときの作業ルールとして次のことをそのままやってみましょう。

① タイトル行/列はグレー背景で文字は太字(Bold)
② 表の本体との境目は二重線
③ 表全体の右端と左端の罫線は削除

とりあえず、これをやっておくだけで、ちょっとイケてる風の表ができあがります。

POINT.11

数式が最強の時間短縮テクニック

Excelのテクニックの中で、時間削減という意味では数式が最強です。これを知っているかどうかで本当に30分や1時間の差が生まれます。数式スキルは本当に身につけた方がいいです。

Excelにはとても多くの数式があります。難しい統計分析ができるようなもの、専門家レベルでないと意味すら理解できないような数式もあります。そのような数式を覚えて使おう、ということではありません。

一般的なビジネスパーソンのレベルにおいて、数式を使うポイントは次の2点です。

・簡単な数式はすぐに使えるようになっておく
・数式が便利であると思い、数式を調べて使うクセをつける

簡単な数式が使えるようになると、数式を使うことがクセになります。そのようになると、分析をしたり統計を取ったりする作業をするときに、自分がやりたいことを実現できる数式があるか、調べるところから始まります。そして、基本的な数式が使えるようになっておけば、初めての数式でもなんとか使うことができるようになっています。

☑ 習得必須の代表的な数式

まずは、基本的な数式でよく使うものを知っておけば、それだけでも仕事は格段に速くなります。代表的な数式は知っておきましょう。最初はすぐに使えなくても構いません。何度も使っているうちに使いこなせるようになります。大切なのは「数式を使って楽をしよう」と思って使い始めてみることです。

【これだけは知っておきたい数式の一覧】

SUM	選択範囲の合計値を計算
SUMIF	選択範囲で条件が一致するものの合計値を計算
AVERAGE	平均値を計算
MAX/MIN	選択範囲の最大値 / 最小値を表示
COUNTA	選択範囲のデータの数をカウント
COUNTIF	選択範囲の条件が一致するデータの数をカウント
VLOOKUP	条件が一致するデータを縦方向にサーチする
CONCATENATE	複数のデータを結合して表示する

数式の使用例を下に示します。

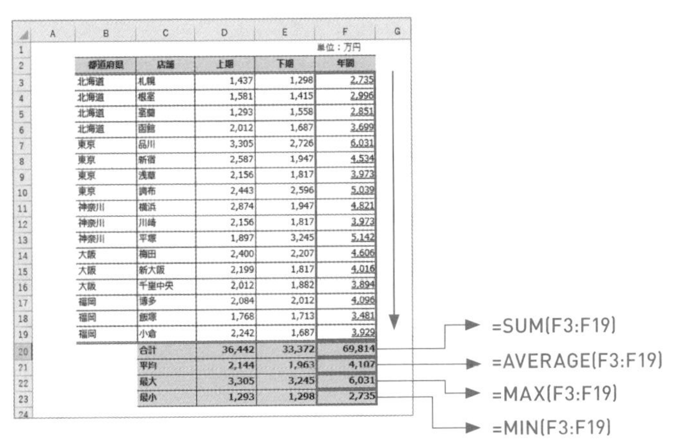

単位：万円

都道府県	店舗	上期	下期	年間
北海道	札幌	1,437	1,298	2,735
北海道	根室	1,581	1,415	2,996
北海道	室蘭	1,293	1,558	2,851
北海道	函館	2,012	1,687	3,699
東京	品川	3,305	2,726	6,031
東京	新宿	2,587	1,947	4,534
東京	浅草	2,156	1,817	3,973
東京	調布	2,443	2,596	5,039
神奈川	横浜	2,874	1,947	4,821
神奈川	川崎	2,156	1,817	3,973
神奈川	平塚	1,897	3,245	5,142
大阪	梅田	2,400	2,207	4,606
大阪	新大阪	2,199	1,817	4,016
大阪	千里中央	2,012	1,882	3,894
福岡	博多	2,084	2,012	4,096
福岡	飯塚	1,768	1,713	3,481
福岡	小倉	2,242	1,687	3,929
	合計	36,442	33,372	69,814
	平均	2,144	1,963	4,107
	最大	3,305	3,245	6,031
	最小	1,293	1,298	2,735

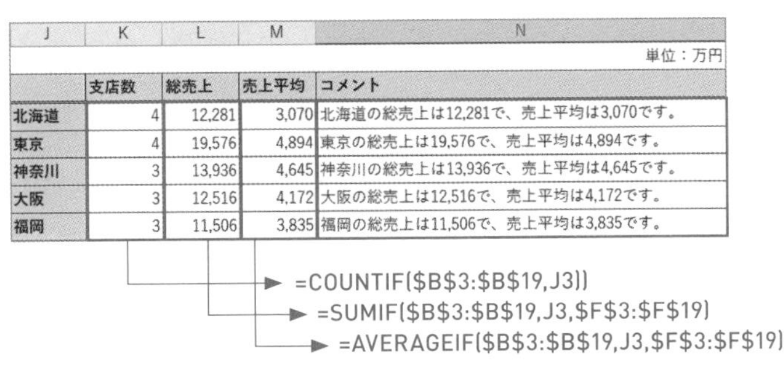

単位：万円

	支店数	総売上	売上平均	コメント
北海道	4	12,281	3,070	北海道の総売上は12,281で、売上平均は3,070です。
東京	4	19,576	4,894	東京の総売上は19,576で、売上平均は4,894です。
神奈川	3	13,936	4,645	神奈川の総売上は13,936で、売上平均は4,645です。
大阪	3	12,516	4,172	大阪の総売上は12,516で、売上平均は4,172です。
福岡	3	11,506	3,835	福岡の総売上は11,506で、売上平均は3,835です。

☑ わからない数式の調べ方

数式は、数式メニューから「関数の挿入」を選択すると数式用のウィンドウが表示されます。

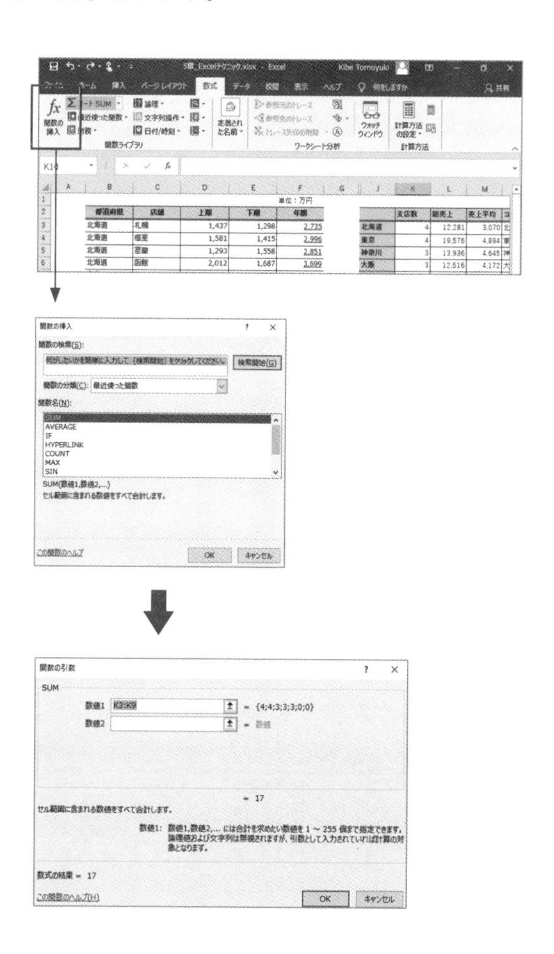

使い方がわからない数式であっても、このガイドに沿って使えばだいたいの数式は使えるようになります。

また、Excelの作業で数式を使ってやりたいことがあるけど、どの数式を使えばいいかわからないときには、下の図のようにキーワードで検索することができます。

ただ、この検索機能はあまり融通がきくものではないので、調べるときはググったりするほうがいいと思います。ただ、調べる方法は単なる手段なので、ポイントは自分がやりたいことを実現できる数式があるかどうかを調べる、ということで、数式で楽をしようと思うことが大切です。

COLUMN

仕事の速さと質を決めるのは「段取り」

「段取り八分、作業二分」という言葉があります。「仕事の8割は段取りに費やし、作業は2割にしよう」という意味です。それが最も効率的な仕事のやり方だからです。

仕事に取り掛かる前に、具体的に仕事を進める手順、つまり段取りをきっちりと決めておけば、それだけ仕事の質とスピードは上がります。仕事ができる人たちは、段取りが上手いから仕事が速くて質も高いのです。逆のパターンは、「すぐ着手しよう」として、まったくの段取りなしに動き出して、あとあと途方に暮れてしまうタイプです。

第16代アメリカ大統領であったエイブラハム・リンカーンは「6時間で木を切れと言われたら、最初の4時間は斧を研ぐ」と言ったそうです。この言葉も、仕事を早く終わらせるためには、段取りをきちんとしておくことが重要だと示唆しています。

CHAPTER 02でも述べましたが、私は段取りをせずにすぐに仕事に取り掛かろうとする人を見つけると「投げられたポップコーンにすぐに飛びつくな」と言ってストップさせます。公園のハトが、ポップコーンを投げた途端に群がってくるのと同じように、反射的に行動するのは仕事では得策ではありません。目の前の時間短縮にとらわれ、すぐに着手する方が早く終わると思ってしまいがちですが、段取りをせずに仕事を始めてしまうとむしろ遅くなってしまいます。

また、「段取りと計画は何が違うのですか？」と聞かれることがあります。この2つは違います。1000枚のはがきに切手を貼るという作業を例に説明しましょう。計画とは、切手を1枚貼るのに10秒かかると作業時間の見積もりをして、「1分で6枚、1時間で360枚、3時間で1080枚、途中に休憩時間を入れて、1000枚を4時間で行う」と考えることです。リンカーンの例では「6時間で木を切る」部分が計画に当たります。

段取りとは、この計画の作業に着手する前に、「どうやったら効率的でムダなく、最速で切手を貼れるか」を考えて準備をすることです。「最初の4時間で斧を研ぐ」部分が段取りに当たります。切手を貼る場合だと、はがきと切手を置く最適な位置を考え、切手を貼る位置を示した型紙を作ったりすることが段取りです。この段取りで1枚を7秒でできるようになるとしたら、3秒速くできます。1000枚だと3000秒で50分です。段取りに10分の時間を費やしたとしても、トータルで40分も計画よりも早く終わらせることができるのです。

目の前の作業にすぐに取り掛かってしまいたくなりますが、そのポップコーンには飛びつかず、まずは4時間斧を研いでみましょう。時間がかかる仕事であればあるほど、難しい仕事であればあるほど、その効果は絶大です。

CHAPTER

06

資料作成の時間を半減させる

PowerPointのテクニック

INTRODUCTION

PowerPointなどを使った資料作成は、仕事で必ずといっていいほど発生します。なかには、資料をたくさん作成することをあたかも価値のあることのように語っている人もいますが、それは危険だと思います。

なにも、「ビジネスの資料は不要で価値がない」と言っているのではありません。資料の「作成」を「思考」と「作業」に分けて考えた場合、実は「作業」に多くの時間が割かれていることが多く、その「作業」自体には価値がないと考えているからです。

「作業」に時間をかければ、見た目がいい資料を作ることは可能です。でも、見た目だけの資料では成果は得られません。これでもかというほど考え抜いたことを資料という目に見える形にした結果、初めてビジネスとして成果を生み出せます。

そのため、資料の作成（作業）自体は、できるだけ時間をかけずに作り上げることがベストです。「お客様への提案に向けて徹夜で資料を作り上げた」と武勇伝のように語る人も多いですが、かけた時間の多くが「作業」であるなら本末転倒です。それなら早く資料を作り上げて、プレゼンの練習でもして、前日の夜はゆっくりと準備している方が何倍もクールです。

資料作成には、どんなソフトを使っても共通して使えるテクニックがあります。そして、資料作成はPowerPointが主流です。本CHAPTERでは、PowerPointのスピードに関するテクニックと、PowerPointにかかわらず資料作成をする上でのスピードに関するテクニックを紹介します。10ページの資料作成に3時間かける人と1時間で終わる人、その差は本当に大きな仕事の成果の差となって表れます。

POINT.1

資料作成は構想が8割、作業は2割

資料を作るとき、いきなりパソコンを開いていませんか？

ストーリー展開やページ構成を十分に考える前にパソコンで作成を始めてしまうと、結果的にかなり無駄な時間を費やしてしまいます。

パソコンの資料作成作業で1番時間がかかるのが「やり直し」です。上司や先輩のレビューを受けて、ちょっとした修正をするだけでも、パソコン上で修正すると時間がかかってしまいます。さらに、ストーリーの変更や資料構成の大幅な指摘を受けてしまうと、その修正作業には膨大な時間がかかってしまいます。

資料作成においては、ストーリーや構成が固まるまで、決してパソコンを開いてはいけません。資料作成は80%が構想の時間、20%が作成作業の時間です。まず「思考」だけに十分時間をかけましょう。

☑ 構想は必ず紙で手書きで

資料を作るとき、ストーリーや構成の構想は、ノートや紙に手書きで行いましょう。そこである程度のことが固まってからパソコン作業に取り掛かるようにしましょう。

例えば20ページのプレゼン資料を作るなら、20枚のコピー用紙に先に手書きでタイトルを書いてストーリー展開を考えます。そしてストーリー展開が決まったら1枚1枚ごとに伝えたいワン・メッセージを書いていきます。1チャート1メッセージが基本です。

そこまでできたら、1枚ずつ図や文字の配置などを書き込んでいきます。このときはA4サイズの紙でやっておくのがベストです。印刷したときの表示イメージで構想検討できるからです。

そして、ある程度できあがったらレビューを受けますが、レビューも紙の状態で受けておきましょう。紙であれば、手直しにも時間はかかりません。そもそものストーリー展開や構成の根本に指摘が入っても、紙であればすぐに軌道修正をすることができます。レビューまで紙の上で完了したら、そこでいよいよパソコンでの作業にとりかかります。

パソコンで資料を修正する時間は、ショートカットテクニックのチリツモで節約した時間をあっという間に吹き飛ばしてしまいます。資料作成のテクニックはたくさんあり、それらも身につけるべきテクニックですが、実はこのテクニックが1番の時間短縮につながります。

☑ 私の資料レビューの流儀

私が誰かの資料をレビューするときは必ず「紙の状態で持ってきて。パソコンで作った後の軌道修正は時間がかかるから」とあらかじめ言っておきます。実際にあった話ですが、「クライアントの社長へのプレゼン資料をレビューしてほしい」ということでできあがった資料を見てみると、プレゼン時間は10分なのに、20ページもPowerPointで作り込んであったことがありました。結局、資料は5ページにし、中身もかなりシンプルにしました。20ページ分がっつりと作り込んだパソコンの作業時間はムダとなったのです。

紙に大枠のメッセージとストーリーをラフスケッチで書いた状態でレビューをしておけば、こんなにもムダな時間を費やすことはなかったのに。

なお、少し余談になりますが、私は資料のレビューをするときに、資料ファイルを直接データで修正することはしません。必ず印刷したものに対して赤入れをしてレビューをします。

なぜかというと、直接、ファイルを修正してしまうと指摘された本人は結果だけを目にすることになり、指摘が身につかないからです。何がダメで、どうしないといけないのか、という学びにならないのです。印刷した資料に赤入れをすると、資料の修正は本人がすることになるので、指摘された箇所を自分でタイピングすることになります。

そうすることで、メンバーが成長します。少し時間のかかることですが、効果は間違いなく出てきます。そして、その結果として、レビューする時間はどんどん減っていきます。

POINT.2

デザインや表現ですぐに使えるアーカイブを蓄えておく

資料作成で最も時間がかかることの1つが「デザイン」です。どのような表にするか、どのような図の組み合わせで論理構造を示すか、どのような色にするか、などゼロから考えるととても時間がかかってしまいます。

では、どうすればいいのでしょうか。答えは、「人の資料をパクる」です。

学生時代は人の答えを見るのはカンニングでダメでしたが、社会人になればカンニングはウェルカムです。むしろ「パクってなんぼ」です。

☑ いいと思った資料をストックしておく

人が作った資料を目にすることはたくさんあります。そのときに、「お、この資料いいな」と思ったら、それはすぐに自分のパソコンに保存しておきましょう。私は「サンプル資料」というフォルダを作って、いいなと思った資料はそこに保存しています。そして、自分で資料を作るときにそのサンプル資料からいいものをパクっていきます。

デザインだけでなく表現などもパクる対象です。私はトラブルプロジェクトが多かったので、プロジェクトの報告書を書くのにかなり大変な思いをした経験がありますが、そんなときも先輩たちが書いた報告書の絶妙な言い回しなどをパクって習得しました。「写経」と称して、「おっ、これは」という報告書を見つけたら、その文章を自分でタイピングして自分のものになるように練習したものです。

☑ 資料作成の参考になるお勧め書籍

人の資料だけでなく書籍も参考になります。私は、『説得できる図解表現200の鉄則』（日経BP社）という本を資料の図解のバイブルとして、手元に置いています。これにはたくさんの図解がサンプルとして載っているので、パラパラとページをめくって使えそうな図解を見つけて流用しています。

POINT.3

使う色を3つ決めて、デフォルトで用意しておく

資料を作るときに、文字やオブジェクトの色を決めるのに時間がかかってしまうことがあります。「ここは何色にしようか」「さっきは青を使ったから、ここはちょっと薄い青にしておこう」といった感じです。そして、1度使った色をもう1度使おうとするときに、「あれ、どの色だったっけ？」とわからなくなってしまったことはないでしょうか？

その色で迷う時間がもったいない。それに、たくさんの色があるプレゼン資料はごちゃごちゃして、一般的なビジネスドキュメントとしては評価が下がってしまいます。

☑ カラーパレットを用意する

このようなことを避けるために、最初に使う色を決めてしまいましょう。これをカラーパレットといいます。カラーパレットとは、資料の中で使う色の組み合わせを定義するものです。美術の授業などで絵を描くときに使ったパレットのイメージそのものです。これを資料作成の最初に作っておくのです。

ビジネスドキュメントとしての資料作成の基本は、少ない色で仕上げることです。ですので、カラーパレットは、3色か5色にしておくのが望ましいです。私は5色を使うことが多いです。ベースの3色と2色のアクセントカラーです。ですが、まずはベースの3色で資料を作りきれるようになっておくことがいいです。

私が実際に作った資料で作ったカラーパレットとそのサンプルページが次の図です。

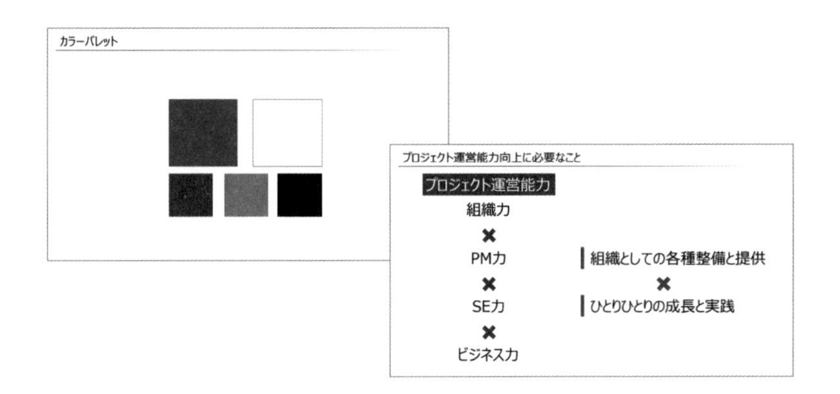

また、カラーパレットを使うようにしておけば、資料を作り込む前の段階で、資料全体の色調を決める作業も格段に速くなります。カラーパレットのカラーバリエーションの候補をいくつか作っておき、同じページでカラーパレットごとの色に変えて見栄えを比較するのです。いくつか作った後に、資料で伝えたいメッセージ内容や聞き手などに合わせて色を選べばよいでしょう。

参考に、上図と同じページを違うカラーパレットにしたものが次の図です。同じ内容なのに、雰囲気が随分と違うことがわかるでしょう。

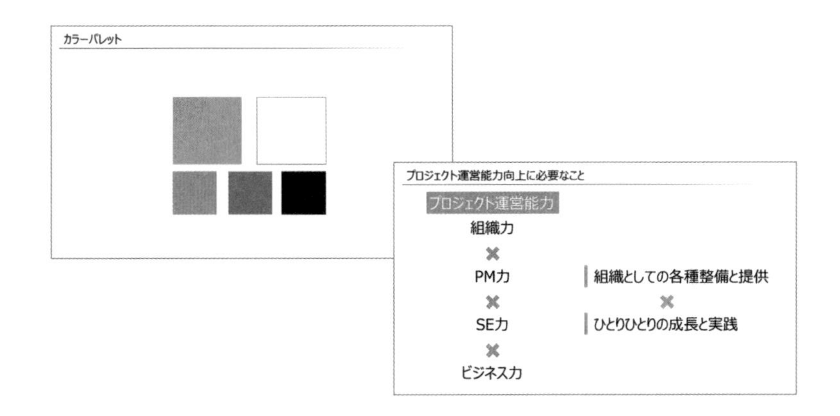

実際、私がこの資料を作ったときは、どちらにしようか悩みました。「明るい基調の色にして前向きなプレゼンにしようか」とも思いましたが、このときは、伝えたいメッセージを重めにしようと決めて、最初のカラーパレットで資料を作り上げました。

悩みはしましたが、カラーパレットをもとにサンプルページを作り、見比べて決められたのでムダに時間をロスすることはありませんでした。

☑ 気に入った色はスポイトで吸い取る

ネットで見つけた気に入った色や、他の人の資料で見つけたいい色、自分で調合したいい色を使いたくなるときがあります。これを自分で調合して色を作ろうとすると、とてつもなく時間がかかります。そして、本当の配色がわからないので、似たような色彩を少しずつ探しながら「うーん、これが1番近いかな」という感じで決めてしまうので、いくら時間をかけても全く同じ色を作れることはほとんどありません。

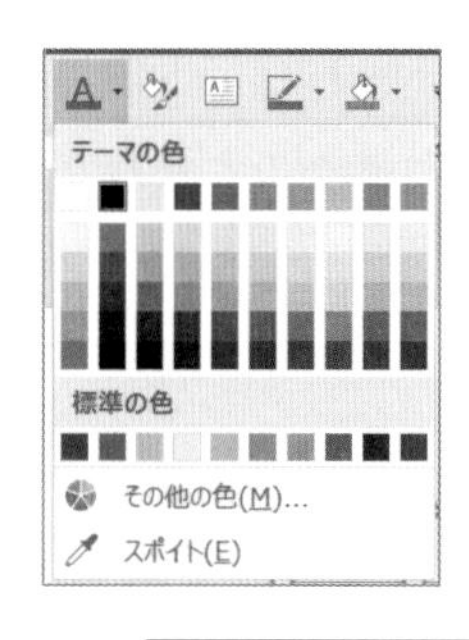

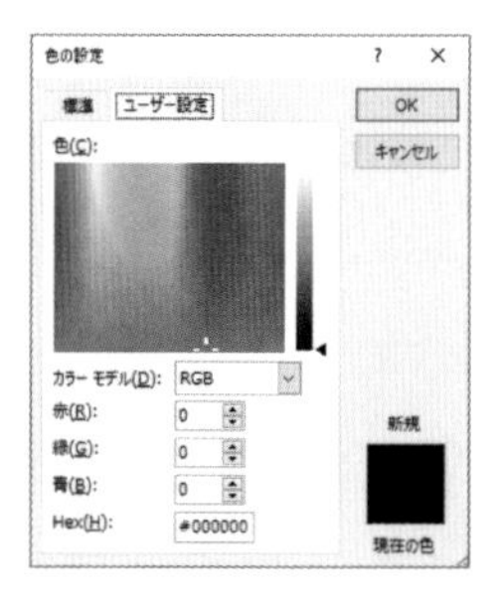

このメニューから色を再現するのは難しい

気に入った色を一発でコピーするのが「スポイト」です。これはかなり見逃しがちなアイコンですが、文字や背景の色を選択する画面の1番下に表示されています。

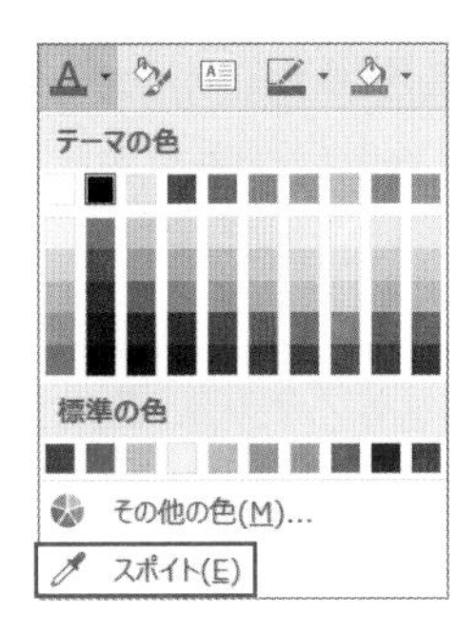

使い方を説明します。例えば、「東洋経済」というテキストをPowerPointで作り「東洋経済のロゴと同じ色にしたい」場合、Webサイトから東洋経済のロゴを画面キャプチャーのテクニック（P195）でコピーしてきます。そして、自分でテキストボックスに「東洋経済」という文字を入力して、文字色の変更をします。ここで、スポイトのアイコンをクリックします。そうするとマウスカーソルがスポイトになります。この状態でWebサイトからコピーしてきた東洋経済のロゴにポイントを合わせてクリックしてください。その色がそのまま吸い取られて同じ色になります。

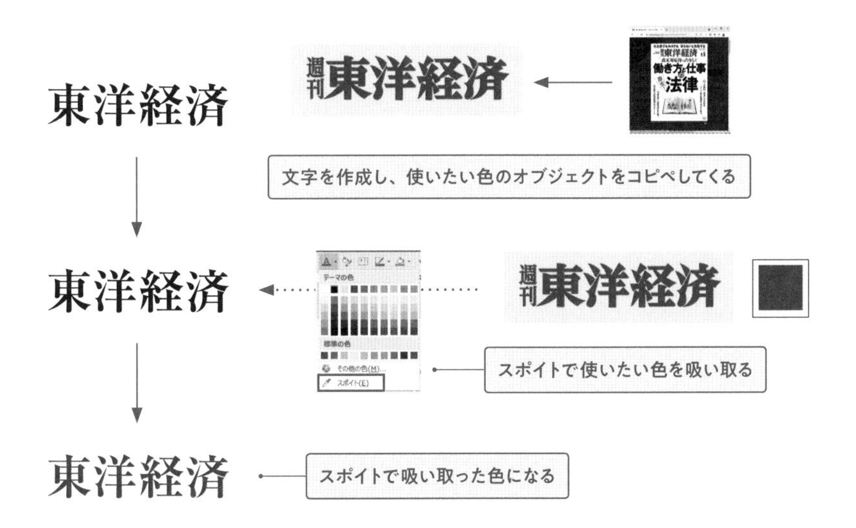

この機能は、何かの色と同じ色にしたいときや、資料内で1度作った色と同じ色にしたいときなどに使えます。また、このスポイトのテクニックは、もちろん文字の色だけではなく、背景や枠線など、すべての色の設定で使うことができます。

このテクニックも、知らなかった人に紹介すると「目からウロコ」と言われることが多いものです。

POINT.4

オブジェクトの複製を一瞬で整列させる

ここまでは資料作成の一般的なテクニックの話をしてきました。ここからはPowerPointで資料作成するときの便利な機能、時短テクニックについて紹介していきたいと思います。

Excelのメリットは表形式で使えることと数式が使えることですが、PowerPointのメリットはオブジェクト（図）が使いやすいところです。つまり、PowerPointを使うということは、オブジェクト操作をたくさんするということです。

PowerPointには、多くの種類の図形や吹き出しなどが用意されています。それらをオブジェクトと呼びます。資料を作るときは、このオブジェクトをたくさん使います。そして、たくさん使うので1度作成したオブジェクトをコピーして流用することが多くあります。

☑ そのままだとオブジェクトの複製は右下に出る

例えば、ある作業の手順を、図を用いて書くとき、矢印や説明のボックスのオブジェクトを1つ作って、それをコピペして同じものを何個も作っていきます。

このようにコピペして使うとき、縦横の位置が揃っているときれいな

ので、その位置を揃えてコピペしたいところですね。

ですが、[Ctrl]＋[C] でコピーして [Ctrl]＋[V] でペーストをすると、元のオブジェクトの右斜め下にペーストされてしまいます。そうすると、その後に縦/横を合わせるという作業が発生します。

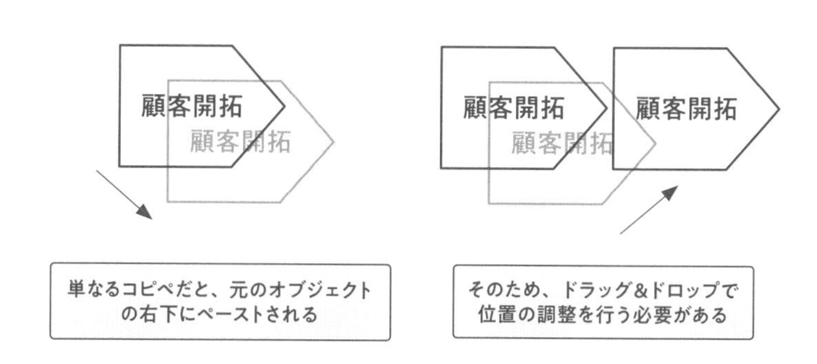

この位置調整がムダな作業時間となります。一発で縦/横が揃えばいいですが、微妙にずれてしまうこともあります。

また、1～2個程度であれば、手間とはいえ、たいしたことはありませんが、オブジェクトをたくさんコピーするようなときには、とても大きな時間ロスとなってしまいます。

☑ オブジェクトを一瞬できれいに並べるテクニック

ここで、キーボードとマウスを使ったコピペのテクニックが活躍します。

[Ctrl]＋[Shift] を押しながら、さらにマウスをクリックしながらオブジェクトを移動させてみてください。すると、選択したオブジェクトが垂直方向、もしくは水平方向にスライドしてコピーされます。

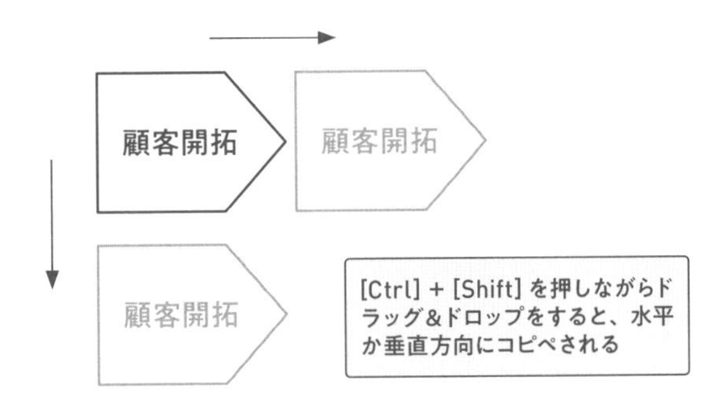

このテクニックを使うと、コピーした後に位置を修正する作業が必要ありません。

少し機能を分解して説明します。

まず、[Ctrl] キーを押しながらマウスでドラッグ&ドロップをすると、これはオブジェクトをコピー&ペーストする機能になります。この場合は、垂直・水平方向ではなく自由な場所にコピーすることができます。そして、[Shift] キーを押しながらオブジェクトをマウスでドラッグ&ドロップすると、選択したオブジェクトを垂直・水平方向に移動させることができます。この2つを組み合わせて、[Ctrl]＋[Shift] とマウスのドラッグ&ドロップでオブジェクトを垂直・水平方向へコピー&ペーストする機能になります。

この機能はとても便利なので知らない人を見るたびにすぐに教えています。みんな「え、目からウロコです。超便利ですね」といってすぐに使い始めるPowerPointのイチオシテクニックです。これを知っているかどうかで作業時間が格段に変わります。

☑ 複数のオブジェクトも一度にスライドできる

また、これは複数のオブジェクトで同時に実行できます。例えば、図のようなフローを書いた後に、すべてを選択して、[Ctrl]＋[Shift] とマウスのドラッグ&ドロップをすると選択したすべてのオブジェクトが垂直・水平方向にコピーできます。
　オブジェクトが多くなればなるほど効果が大きくなるテクニックです。

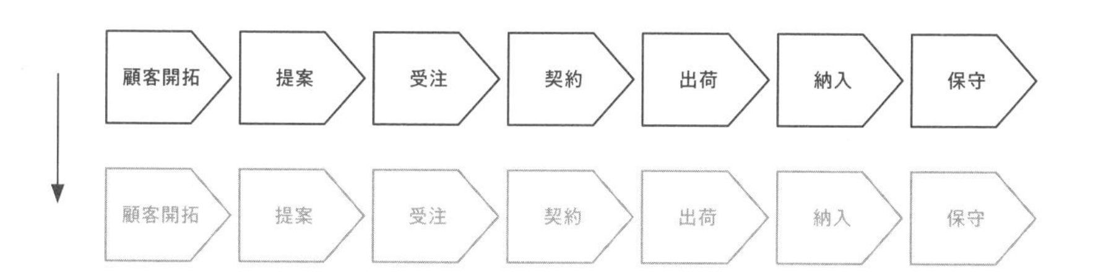

すべてまとめて垂直方向にコピペ

POINT.5

オブジェクトの書式・色・枠を一発で統一してくれる「ハケ」

オブジェクトのコピペも面倒くさいですが、同じくらい面倒くさい作業が書式のコピペです。

PowerPointのオブジェクトの中に書いた文字のフォントやサイズ、また、オブジェクトの背景、枠線の色や太さなどをコピペすることがたくさんあります。

最初からバシッと、オブジェクトの色や文字のフォントが決まればそのような作業の必要はありませんが、PowerPointの場合、資料作成が進むにつれてオブジェクトが増えてきて、サイズのバランスが変わってきたり、メッセージに合わせて色を変更したり、オブジェクトの枠線の太さを変えたりという作業が発生してしまいます。そして、そのような作業は資料作成の終盤に発生することが多いです。つまり、たくさんのオブジェクトを作りきった後に書式変更の作業をしなければいけないということになります。

書式コピーの便利なテクニックを知らないと、フォントサイズのコピペ、背景のコピペ、枠線のコピペなど、膨大な作業量になります。そして、膨大な作業量になるので、最後にはあきらめてしまう、ということになり、最後の資料の仕上げをしきれずに統一感のない資料となってしまうこともよくあります。

☑「ハケ」の使い方

そういった書式コピーに使えるテクニックが「ハケ」です。ハケはホームタブの左側にあるアイコンで、書式だけをコピペする機能です。

使い方は、まずコピーしたいオブジェクトを選択して、ハケのアイコンをクリックします。するとそのオブジェクトの書式がすべてコピーされるので、その書式を反映させたいオブジェクトをクリックすれば、書式まるごとがペーストされます。文字のフォント、色、大きさからオブジェクトの背景、先の太さと色まですべての書式がコピペされます。

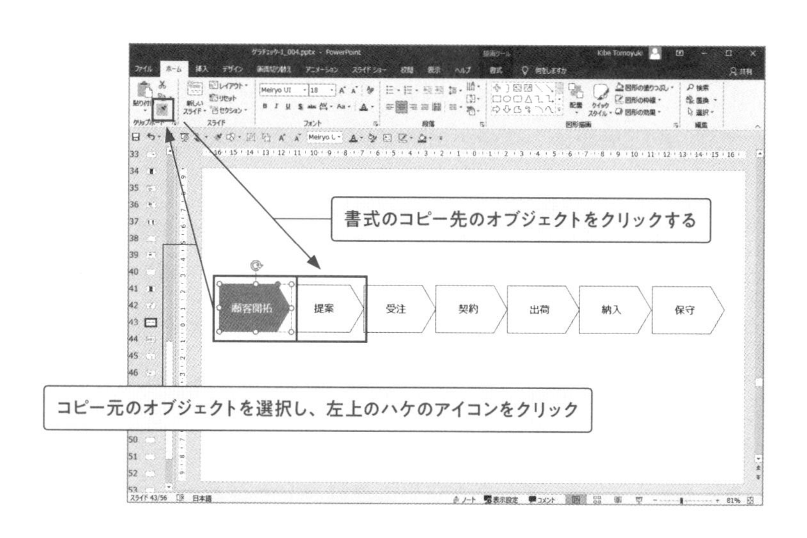

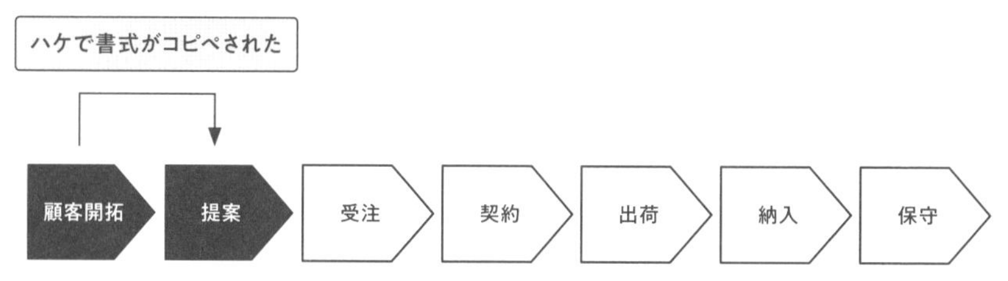

☑「ハケ」は連続して使用できる

本当に便利な機能ですが、普通に使うとこのコピペは1回分しか覚えていません。1回ペーストすると通常モードに戻ってしまいます。ですので、2個目のオブジェクトにコピペしたいときは、もう1度ハケをクリックする必要があります。このコピペのたびにハケをクリックするのは面倒くさいですよね。

こんなときは、ハケのアイコンをダブルクリックしてください。そうすると、コピーした書式を何個でもペーストできるようになります。コピペを終わらせたいときは [Esc] キーでコピペモードをキャンセルできます。

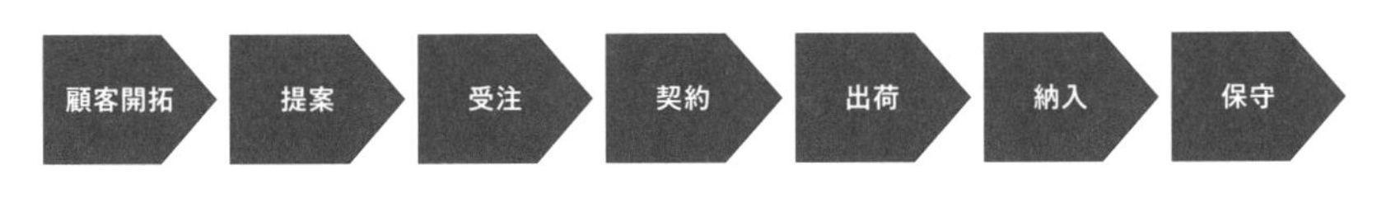

また、書式のコピー方法としては、キーボードのショートカットもあります。[Ctrl]＋[Shift]＋[V] で実行できます。

ですが、PowerPoint を使っているときはマウスでオブジェクトを操作することが多く、書式のコピペをするときもオブジェクトをマウスで選択する作業が発生するので、キーボードのショートカットよりもハケのテクニックの方がマウスのままで実行できるので便利です。

もちろん、キーボードでの操作の方が速いときもあるので、どちらのテクニックも使えるようになっておくとより便利になるでしょう。

POINT.6

オブジェクトの形を変えずにサイズ変更するテクニック

オブジェクトのサイズが最初の1つ目から決まることはありません。資料が仕上がっていく中でオブジェクトの数が増えたりするので、ページ全体のバランスを見ながらサイズ調整をしていくことになります。

このオブジェクトのサイズ変更のときにやりたいことは、多くの場合「オブジェクトの縦と横の比率を変えないままサイズを変える」「いまある位置を変えずにサイズを変更する」の2つです。

単にマウスだけでオブジェクトのサイズ変更をすると、自由に形が変えられるため縦横比が変わってしまったりします。こういったことにならないようにしたいときは、[Shift]キーや[Ctrl]キーを使えば簡単にオブジェクトのサイズ変更ができます。

☑ [Shift]や[Ctrl]を使う

まず、[Shift]を押しながらオブジェクトサイズの変更をすると、オブジェクトの縦横比を維持しながらサイズ変更できます。このとき、オブジェクトはマウスでドラッグした頂点の反対の頂点の位置を固定した状態でサイズ変更されます。

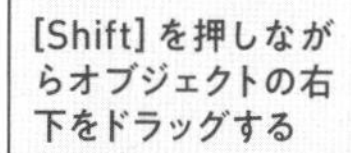

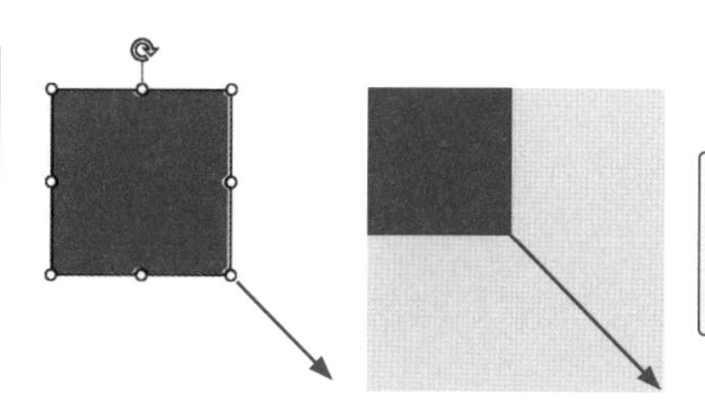

左上の頂点の位置を固定したまま、縦横比を維持した状態で拡大される

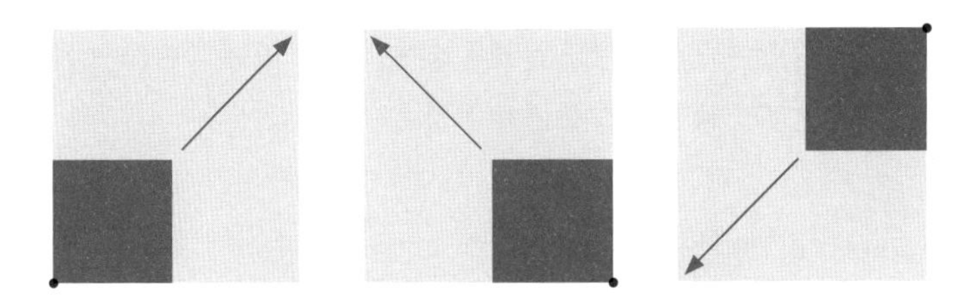

ドラッグしたポイントと反対の頂点を中心に拡大縮小される

次に、先ほどの操作に[Ctrl]を加えます。そうすると、今度はオブジェクトの中心点が固定されたまま縦横比を維持してサイズ変更できます。

これらのテクニックを使えば、サイズ変更をしたあとに位置を調整するという作業がいらなくなります。

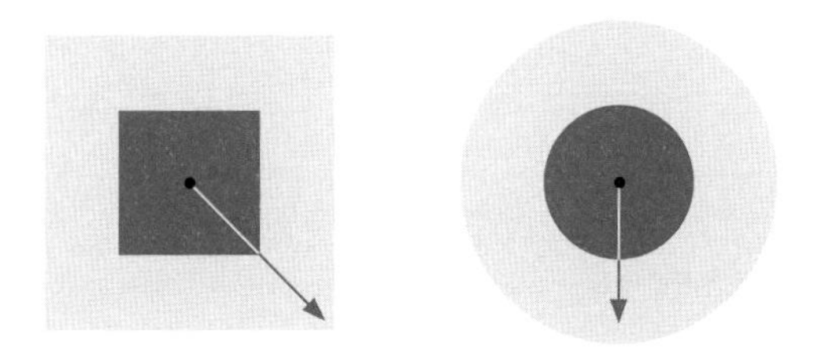

[Ctrl] + [Shift] を押しながらドラッグをするとオブジェクトの中心を固定して拡大縮小される

☑ 正方形や正円の描き方

四角形のオブジェクトを使って正方形を描いたり、丸のオブジェクトを使って正円を描いたりするのは結構難しいですよね。目で見て正方形やまん丸と思っても微妙に縦横のサイズが違ったりします。

こんなときには[Shift]を使ってみましょう。そうするときれいな正方形や正円を描くことができます。

これは正三角形や正五角形にも使えます。それ以外にもハートなどもきれいなバランスで描くことができます。

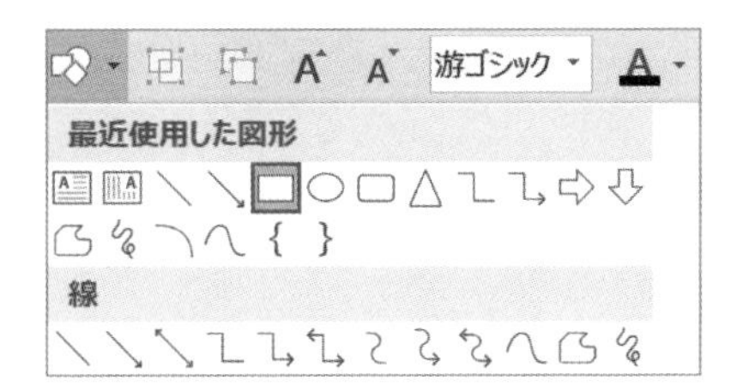

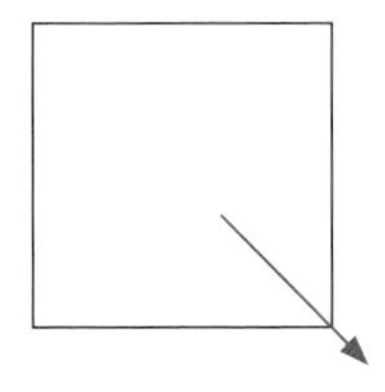

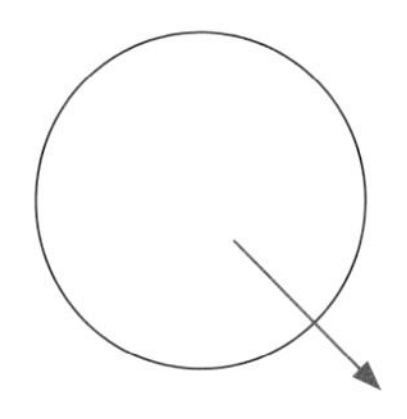

[Shift] を押しながら四角形オブジェクトを挿入すると正方形となる

[Shift] を押しながら円を挿入すると正円となる

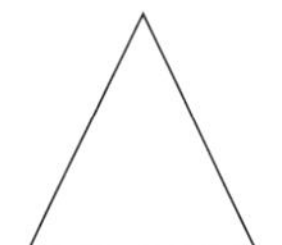

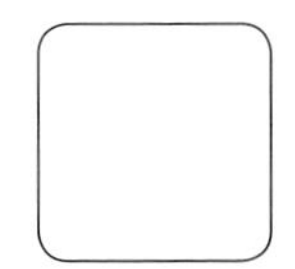

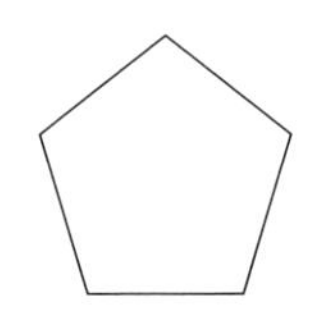

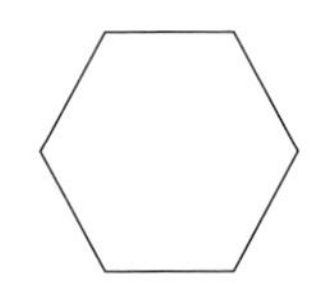

その他の図形でも [Shift] を使うとこのように挿入される

POINT.7

［PrintScreen］を使わずに画面キャプチャーを取得する

PowerPointで資料を作っていると、画面キャプチャーを入れることがよくあります。そして、そのほとんどの場合、画面全体を使いたいのではなく、画面の一部分のみが欲しいのです。

そのとき、よくやる方法は［PrintScreen］で画面全体のキャプチャーを取り、それをWindowsのペイントに貼り、そこから欲しい部分を切り取る、そして、PowerPointにペーストする、という作業をします。

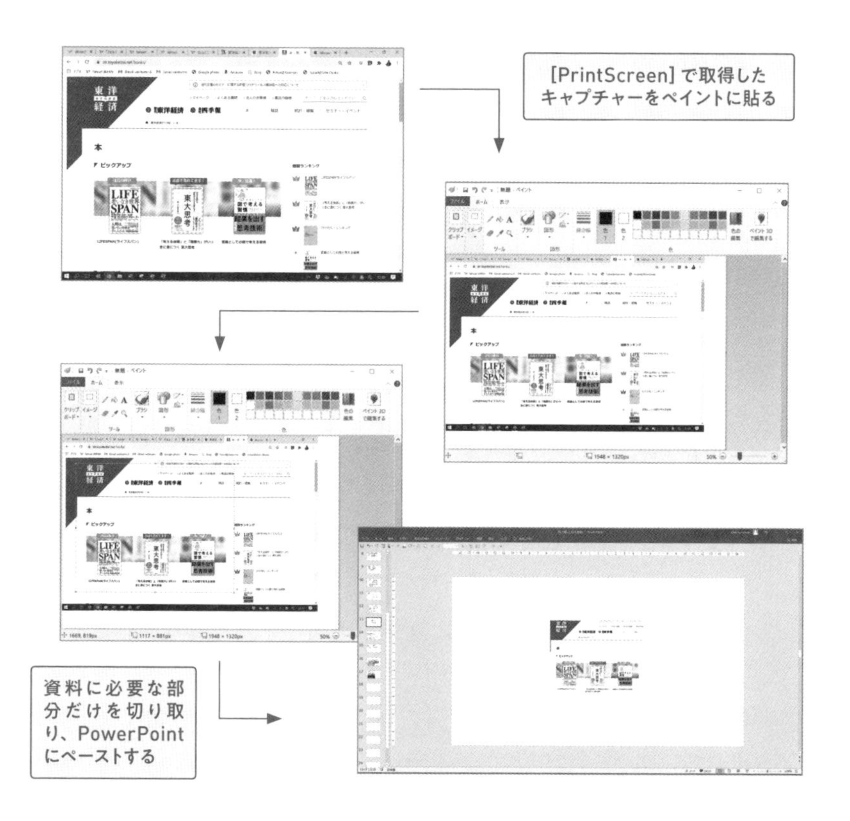

この手順を書いているだけでも面倒ですので、資料作成のときに何回も何回もこの作業をしてしまうと、かなりの時間ロスとなってしまいます。そこで、画面の欲しい部分だけを一発で取得する方法があります。

☑ 挿入メニューの「画面領域」を使う

挿入メニューのところにとても便利な機能が眠っています。挿入メニューを押し、スクリーンショットを選択すると、図のようなメニュー表示になります。この1番下に「画面の領域」というメニューが出ているのでこれをクリックします。

すると、キャプチャーを取りたいブラウザの画面領域が白っぽくなり、範囲を選択できるようになります。ここでキャプチャーを取得したい範囲をマウスで選択しましょう。たったこれだけで、使いたい部分だけのキャプチャーがPowerPointにそのままペーストできます。

☑ クイックアクセスツールバーに常駐させる

この機能はかなり便利です。そして、かなりの頻度で使うので、クイックアクセスツールバーにアイコンをセットしておきましょう。そうすれば、いちいち挿入メニューから選ばずに、ワンクリックで実行することができます。画面の領域というメニューのところで右クリックを押すと「クイックアクセスツールバーに追加」、というメニューが出てくるのでそれをクリックすればいいです。

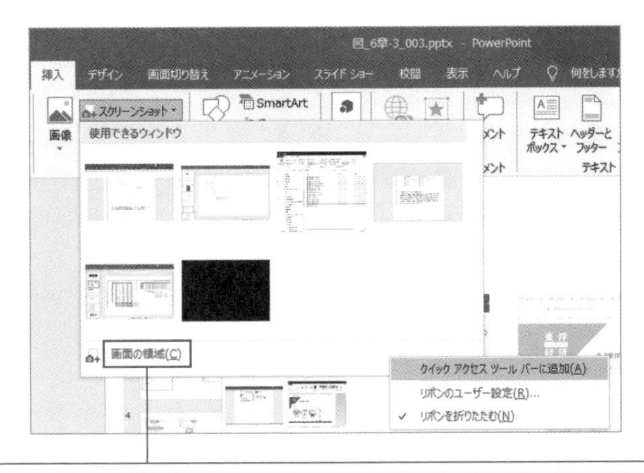

ここで右クリックを押すと、クイックアクセスツールバーに追加のメニューが出る

なお、この機能は最後にアクティブにしていた画面をキャプチャーするので、キャプチャーを取得したい画面を1度開いてからPowerPoiintに戻るようにしておきましょう。

POINT.8

プレゼンテーション本番を手際よく進めるテクニック

資料ができあがり、いざプレゼンテーションとなりました。スライドショーに切り替えるのに、マウスを使っていませんか。また、最初のページからではなく、途中のページからスライドショーを始めるときにどうすればいいかわからず、手間取っているのを見ることもあります。

プレゼンのときに1番避けたいことは、もたもたしてしまうことです。スライドショーへの切り替えはさりげなくクイックに行い、スマートさを印象づけておきましょう。

☑ 一瞬で望みのページにジャンプする技

プレゼンテーションモードへの切り替えは2つのパターンがあります。最初のページから始めるとき、もう1つは、途中のページから始めるときです。

1ページ目から始めるときは、[F5] を押します。表示している途中のページから始めるときは[Shift] + [F5] でそのページからスライドショーが始まります。

ただ、無意識にこの機能を使えるようになるには、スライドショーを使ったプレゼンを何回も行わないと身につきません。ですが、体に染み付いていないときにでも、メニューに表示されているアイコンにマウスを当てるとショートカットが表示されます。まだこのテクニックを覚えていないときは、プレゼンの直前に次の図のようにしてショートカットを確認しておくのがおすすめです。

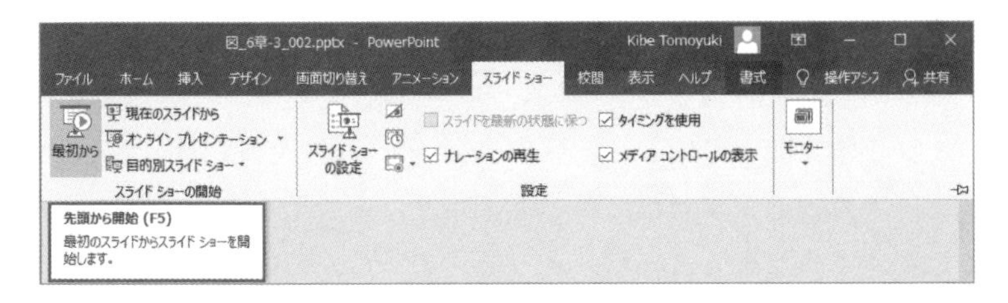

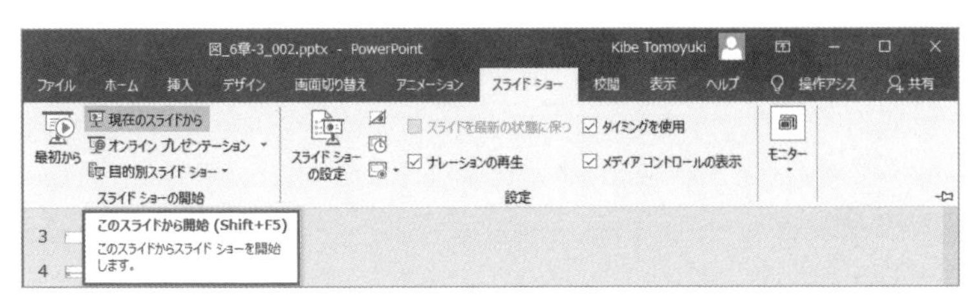

そして、最後や途中でスライドショーを終了するときは[Esc]ボタンです。これで通常のPowerPointモードに戻ります。

プレゼンモードのときに、指定のページに一気に飛ぶこともできます。20ページ目を表示させたい場合、[20]→[Enter]を打つと20ページ目に飛びます。これは、表示させたいページ番号がわかっていないと使えないですが、このテクニックを知っておくと、いざというときに便利です。

☑ プレゼン前に「部屋」を片付けておく

余談になりますが、プレゼンをするときには自分のデスクトップはきれいにしておきましょう。CHAPTER 04でデスクトップをきれいにしておくためのフォルダ管理テクニックを書きましたが、やはり、デスクトップが汚いとマイナスの評価になってしまいます。自分の家に人を招待したときに、家の中を片付けて掃除をするのと同じです。

いつもデスクトップがきれいであればベストですが、そうでないことも多いでしょう。ですので、プレゼンの準備の1つとして「プレゼン前にはデスクトップをきれいにする」ことをしておきましょう。
デスクトップがとっちらかっているときは、「Temp」といった名前のフォルダを暫定的に作成して、デスクトップに散らかっているファイルやショートカットをまとめてそのフォルダに入れてしまうのです。散らかった部屋に人が来るときに、とりあえずどこかの収納にまとめてしまい込んでしまうのと同じです。
汚いデスクトップを見せないようにする、というのは細かい配慮かもしれませんが、自分が思っている以上に大切なことです。デスクトップが汚いと、「この人大丈夫かな」と思われてしまうのです。

SHORT CUT MEMO

1ページ目からスライドショー	［**F5**］
表示している途中のページからスライドショー	［**Shift**］＋［**F5**］
表示させたいページ番号へ移動	［**指定のページ**］→［**Enter**］

COLUMN

プレゼンでハプニングが起きたときこそ腕の見せ所

社内の会議で説明や報告をしたり、お客様に向けて提案したり、大聴衆の前で話をしたり、プレゼンをする機会はたくさんあります。そして、いざプレゼンを始めようとしたときに「ディスプレイに画面が映らない」「PCが固まってしまう」「ファイルが最新ではない」といったハプニングはよく起こります。

私もいろいろな立場でプレゼンに立ち会ってきましたが、経験上、プレゼンではハプニングが起きたときにこそ、そのビジネスパーソンの真価が問われることに気づきました。

慌ててしまい、聴衆をそっちのけで対応に追われてしまうと、残念なタイプと思われます。その場の雰囲気も微妙な空気になってしまいます。

一方で、デキる人たちは、そんなときにアイスブレイク的にさまざまなネタを披露して場をつないだり、画面が映ってなくても本題に入っていきます。このように上手く対処できる人は、見ていても安心感を持つことができます。ハプニングは起きたものの、逆に信頼感が高まる結果になるのです。

大切なポイントは「焦らない」ことです。プレゼンの場にいる人は、誰しも、そのようなハプニングは起きうることだと理解しています。だからハプニング自体にはそれほど驚きはしません。「まあ、そんなこともあるよね」程度です。でも、本人が焦ってしまい、しどろもどろになると、その場になんともいえない悲壮感が漂い始めるのです。

実際にハプニングが起きると焦ってしまうのはある程度仕方がないことですが、「ここが腕の見せ所だ」と切り替えて対処するようにしましょう。

巻末付録

SHORT CUT MEMO［キー操作一覧］

CHAPTER 01

［Ctrl］+［C］	コピー（Copy）
［Ctrl］+［V］	ペースト
［Ctrl］+［X］	切り取り
［Ctrl］+［A］	すべての範囲選択（All）
［Ctrl］+［S］	ファイルを保存／上書き保存（Save）
［Ctrl］+［Z］	直前に戻る
［Ctrl］+［Y］	やり直す
［Ctrl］+［B］	太字にする（Bold）
［Ctrl］+［I］	斜体（イタリック）にする（Italic）
［Ctrl］+［U］	下線を引く（Underline）
［Ctrl］+［N］	新規作成（New）
［Ctrl］+［P］	印刷（Print）
［Alt］	キー割り当てを確認
［Alt］+［Tab］	ソフトの切り替え
［Alt］+［Shift］+［Tab］	逆方向に切り替え
［Tab］	カーソルを移動
［Shift］+［Tab］	カーソルを逆方向に移動
［Ctrl］+［Tab］	右隣のタブに移動
［Ctrl］+［Shift］+［Tab］	左方向のタブに移動
［Windows］	スタートメニューの起動

[Windows] + [D]	デスクトップの表示
[Windows] + [E]	エクスプローラーの起動
[Windows] + [L]	Windows をロックする
[Esc]	ウィンドウやメニューのキャンセル
[Ctrl] + スクロール	拡大・縮小
[右クリック] → [X] → [F]	フォルダの新規作成

CHAPTER 02

[Ctrl] + [N]	メールの新規作成
[Ctrl] + [Enter] (Gmailも同じ)	送信
[Ctrl] + [R]	返信
[Ctrl] + [Shift] + [R]	全員に返信
[Ctrl] + [F]	転送
[Esc] (Gmailも同じ)	ウィンドウを閉じる
[C]	メールの新規作成
[R]	返信 (Gmail)
[A]	全員に返信 (Gmail)
[F]	転送 (Gmail)
[Ctrl] + [Shift] + [1]	「Mail Archive」フォルダにメールを移動 (※クイック設定が必要)
[Ctrl] + [E]	検索ボックス

CHAPTER 04

[Windows] + [E]	エクスプローラーの新規表示
[Alt] + [矢印] キー	フォルダ間の移動
[Enter]	フォルダの中を見る
[Ctrl] + [Shift] + [N]	新規フォルダ作成
[F2]	フォルダ名やファイル名を変更

CHAPTER 05

[Ctrl] + [1]	セルの書式設定
[F4]	前の操作を繰り返す
[F2]	セルを編集
[Ctrl] + [B]	太字
[Ctrl] + [I]	斜体
[Ctrl] + [U]	下線
[Ctrl] + [5]	取り消し線
[Ctrl] + [Shift] + [6]	外枠線
[Ctrl] + [Shift] + [_]	外枠線の削除
[Ctrl] + [矢印] キー	1番端のセルまで移動
[Ctrl] + [Home]	A1に戻る
[Ctrl] + [End]	データの最後に移動
[Ctrl] + [Shift] + [↓] + [→]	表のすべての範囲を選択
[Ctrl] + [Shift] + [End]	表のすべての範囲を選択

[Ctrl] + [Page down]	右のシートに移動
[Ctrl] + [Page up]	左のシートに移動
[Ctrl] + [左クリック]	最後のシートの画面表示
[右クリック]→[I]	行の挿入

CHAPTER 06

[F5]	1ページ目からスライドショー
[Shift] + [F5]	表示している途中のページからスライドショー
[指定のページ]→[Enter]	表示させたいページ番号へ移動

【著者紹介】
木部智之（きべ　ともゆき）
パナソニック システムソリューションズ ジャパン 執行役員。
横浜国立大学大学院環境情報学府工学研究科修了後、2002年に日本IBMに入社。数々の炎上プロジェクトの火を消し、エグゼクティブ・プロジェクト・マネージャーとなった。2018年よりパナソニックのソリューションビジネスの立ち上げに従事し、2020年に最年少執行役員に昇任。
これまで、プロジェクト現場に従事する傍ら、人材育成にも力をいれており、社内外でビジネススキルや仕事術に関する研修やセミナーを実施。東洋経済オンライン、プレジデントオンラインにも記事を多数執筆している。
著書に、『仕事が速い人は「見えないところ」で何をしているのか？』『複雑な問題が一瞬でシンプルになる 2軸思考』（いずれもKADOKAWA）がある。

年間240時間を生み出す
超速PC仕事術

2021年6月10日発行

著　者――木部智之
発行者――駒橋憲一
発行所――東洋経済新報社
〒103-8345　東京都中央区日本橋本石町 1-2-1
電話＝東洋経済コールセンター　03(6386)1040
https://toyokeizai.net/

ブックデザイン……永田理沙子（dig）
印　刷…………東港出版印刷
製　本…………積信堂
編集協力………塚田理江子
編集担当………齋藤宏軌
　ISBN 978-4-492-04688-3